U0053461

LIFE

天窗出版

樂戶台灣
移居生活提案

黃璟瑜　著

目錄

推薦序

天航 暢銷小說作家

劏房價錢，豪宅享受，

這就是我當初來台灣的理由。

住過千多平方呎的房子，

很難再回頭，擺脫地產霸權，就會有尊嚴和自由。

好山好水好人家，寶島百樣好，此書皆言衷。

不願做房奴的人們，何不站起來行動？

先買此書，少走盤陀路，免花冤枉錢。

前言

一直深信人和地是講緣分的,你在哪兒出生,在哪兒唸書、工作,在哪兒定居,以至對地方的愛恨憎惡,一切都是緣。自己真正和台灣結緣,是始於 2011 年 7 月的暑假。那年,一位嫁到高雄的舊學生告知剛搬了新家,邀我到她位於高雄義大的別墅小住,說希望我這個看著她長大的老師,可以知道她在高雄的生活。本來覺得不好打擾,但經不起學生盛情邀約,又明白學生希望我跟她分享喜悦,所以最後還是應約去了。

其實,香港人對台灣絕不陌生,要是有三、五天的假期,都會想到去台灣來個輕旅行。過去三十多年,自己也多次往來台北、台中、高雄等地旅遊,但為何說真正結緣是始於 2011 年呢?因為,真正萌生「移民台灣,卜居高雄」這念頭,是由 2011 年那次學生的邀約開始。那年的暑假,我住在學生位於高雄義大的家,她丈夫蘇先生秉承南台灣人熱情好客的個性,加上傳統中國人敬師的觀念,總覺得不可以待慢我這個老師,所以,蘇先生不時開車帶我四處遊玩。有別於一般的自由行式旅遊,蘇先生會帶我去一般香港遊客不知的野外山林享受時令水果,帶我一起參加道地南台灣人的辦桌喜宴,還帶我去看高雄的待售房屋,殊不知,就是這個最為香港人熟悉的「睇樓」活動,令我對自己的未來有了不一樣的計劃,改變了我人生的下半場。

那次高雄深度之旅，在無心插柳的情況下，讓我發現高雄確實是宜居城市，而台灣才是理想的真正回歸處。高雄房子價格是香港的 1/5，人均居住面積是香港人的三倍以上，衣食住行的基本生活消費卻是香港的一半，而最吸引的，是在高雄這塊土地上，我可以隨時在路上、車廂裡看到一張又一張的親切面容，這是我在香港久違了的笑臉；這一切、一切所遇見的，都叫我認真思考生活的本質應該是怎樣，留在香港生活到底還有甚麼意義。

那年暑假完結之後，又重回學校崗位，忙碌是依樣，不同的是，即使課擔很重，心情卻是從沒有過的舒暢、輕快，因為我已鐵定 2012 年退休，知道這樣繁忙的生活、工作，很快就可以結束。2012 年 7 月，我終於放下教鞭，告別港式的忙碌，和先生一起帶著豢養了十多年的毛孩子，正式移居台灣！

2011 年萌生移民台灣的念頭，到 2012 年正式行動，那段日子，「移民台灣」還未成為香港人的熱門議題，身邊朋友都覺得：移民台灣？太另類，太冷門了吧！那個時候是曾蔭權當特首，然後梁唐競逐，英年被棄；而最重要的是，當時反映香港樓價的中原城市指數 CCL 還未超過 100，不少人都相信新特首上場，重中之重的房屋問題會是首先處理，對香港的未來，仍存盼望。誰也料不到，2014 年一場雨傘革命，警方會把催淚彈扔向學生，接著是，警棍成為手臂的延伸，胸部是襲警的兇器，ATV 可以永遠不死而港視則必死無疑，鉛水就飲亦無妨，荒謬事一宗接一宗，至於重中之重的房屋問題，中原城市指數 CCL 告訴你：指數在 2015 年已超過 140。於是，不少香港人開始想到要逃離這荒謬的城市，然後，想到最近的避難所，不就是隔海的台灣嗎？歷史又來一個循環，1949 大江大海，似乎又要

重演了，只不過，今次不用出現太平輪式的悲情，今次，我們可以在掌握充分的資料下，好好計劃這趟大江大海的移遷之旅該怎樣走。

撰寫此書，是希望把移民台灣的心得跟大家分享，讓大家對台灣這個地方有更深刻、立體的認識，那非旅遊的風物認知，而是從生活角度理解台灣，了解港台生活文化的差異，思考移居台灣的可能性。當然，此書最重要的訊息，是要告訴大家：我們並非城市的囚徒，天地很大，我們還有出路，生活還可以有突破，我們可以見到真普選，在台灣！

第一章
十個愛上台灣的理由

1.1
我有「真普選」

每年七一，不論是頂著酷烈火陽還是狂怒暴雨，香港人都要為爭取民主、公義而走上街頭；然而民主政制、社會公義卻仿似愈走愈遠。如果香港人渴求民主普選，而現實又告訴我們，回歸中國的香港根本不可能在短期內落實真普選，那麼，用腳投票，移民台灣，是唯一可以讓我們品嚐民主真味的方法。

「政府爛的話，我們可以換」

港台兩地背景相似，兩地都曾被殖民，香港曾為英國殖民地，而台灣則被日本殖民 50 年，然而不同的是，台灣公民覺醒意識早就萌生。台灣上世紀二十年代日治時期，就有蔣渭水醫生領導的民族運動，他為台灣創立第一個具現代意義的政黨——台灣民眾黨，成為對抗日本殖民統治的重要領袖。儘管這數十年間也經歷過白色恐怖、戒嚴時代，亦無阻台灣人在民主大路踏步向前的決心，到了今天，台灣的公民力量極其巨大，「政府爛的話，我們可以換」，成為台灣人引以為榮的台灣價值。

1 ┊ 2

1 2016 年總統大選前，蔡英文的造勢晚會。
2 2016 年 1 月 16 日蔡英文以 689 萬 4 千多票當選成為台灣首位女總統。

筆者有幸經歷了台灣 2016 年總統大選和 2014 年的九合一大選^註，真正體會不受中央操控的民主選舉，其競爭究竟是如何激烈，其注入的家國情感究竟是如何動人。執政黨、在野黨，彼此形成了制衡的作用，避免了一黨獨大，隻手遮天，再加上報章、電視等媒體的監察、督促，政府由上至下，都要以民為本，謹慎行事，否則，四年之後，執政黨就會被民眾唾棄，最終淪為在野黨。因為民主選舉得來不易，所以台灣民眾均熱衷投票，也熱衷參選，對政黨政治的認識也較香港人深，尤其當台灣人看見民主選舉落實無期的香港，對自己擁有的民主政制就更加珍惜。

註：2014 年（民國 103 年）11 月 29 日台灣舉行地方公職人員選舉。為了減少選舉經費及降低社會成本，該屆選舉是把各地方公職人員選舉合併舉行，一次選出九種地方公職人員，俗稱為「103 年中華民國九合一選舉」。

落實民主　見證政黨輪替

蔡英文在其參選宣言《開創一個真正屬於人民的時代》如此說：

「當然，我也感謝當時投給馬英九『總統』的人，你們對我嚴格的檢視，讓我無時無刻都不敢懈怠，是你們讓我更堅強，讓我知道自己應該更好。

我不是要把台灣帶往民進黨的時代，更不是帶往蔡英文個人的時代，那些以政黨或政治人物為開頭的時代都應該結束。時代變了，政治應該要開創一個真正屬於人民的時代。透明、清廉、參與、包容、權責分明、主權鞏固的新政治，我會為這個目標奮戰不懈。」

筆者認為蔡英文點出了民主選舉、政黨輪替的重要意義！

只要入籍台灣，年滿 20 歲，就可以一人一票選立法委員、選縣長、選市長、選總統，可以真正見識甚麼叫做政黨輪替。為了真普選移民台灣，不禁想起龍應台的《大江大海》，先輩為逃避中共管治而投奔對岸，今天，歷史難道又一次循環？

1.2
物價低，質素高

接觸不少台灣朋友，他們不約而同都羨慕香港人薪金高，以一個初入職場的大學畢業生為例，在香港，平均月薪約港幣 12,000 元，在台灣則約新台幣 25,000 元，折合港幣約 6,000 元。問題是，當你比較港台兩地的生活質素，你就會明白，還是在台灣生活容易。

每口盡是心機與人情味

以吃為例吧，在香港茶餐廳一個午餐連飲料，索價至少港幣 40 元。如果你是在中環上班，對不起，不止此價！付了至少 40 元，有甚麼質素呢？就是數人擠在一個小小的圓桌，用不超過 20 分鐘，匆匆吃完面前那佈滿不知名醬汁和辨不出肉味的碟頭飯；至於用餐的地方，空間狹窄，地板髒污，都是早已預期；伙計嘛，當然不會問你：「今天你點的這個 A 餐，吃得習慣嗎？」客人也沒有要跟伙計有任何交流的期望。再看看台灣，一般販售便當（香港人叫飯盒、快餐）的小店，桌面潔淨，地板明亮是每個店家必然的自我要求，再看看一個便當價錢，平均是新台幣 80 元，折合約港幣 20 元，一個主菜，伴以兩三個配菜，紅茶、湯品隨餐附送，還有店家親切笑容；而最重要的是，在台灣小店享用便當，沒有人會催促你快快結帳離開的！

下車後，司機跟你說「謝謝！」

說到「行」，香港上班一族多依靠港鐵，在港鐵票價有加沒減的機制下，月薪12,000元的大學畢業生，交通費負擔委實不輕，每月至少1,500元吧！

在台灣大部分人都喜用機車（即電單車）代步，汽油價格又比香港便宜一半，每月入油費不過新台幣400、500元，折合港幣不到150元。即使台灣上班族使用捷運，就是香港人所謂的地鐵，票價也比香港便宜四成，而且，車廂空間不會像香港那樣擁擠。

在台灣生活，其中一個令筆者難忘的經驗，就是搭乘巴士。台灣人叫巴士作公車，為鼓勵民眾搭乘公車，高雄公車公司在2014年推出半年免費搭乘公車的計劃；重點來了，不用付車資就登上公車，司機還會對每個乘客點頭示好，乘客下車，司機更會送上一句：「謝謝」，對筆者這個土生土長的香港人而言，太不可思議了！

相比起香港「飯盒」，價廉物美的台灣便當的確吸引得多。

1 | 2

3

擁有真正的生活「空間」

在台灣，市區所謂小坪數的套房單位，即是香港人理解的「劏房」，一般都有 250 呎左右，即七至八坪，月租約 7,000 元，不過是新台幣呢！再者，台灣家庭一般的居住面積至少 700 至 800 呎，説的可是實用面積，三房兩廳兩廁是常態格局，即使年輕上班族選擇跟父母一起生活，也不會覺得沒有私人空間。

這樣算來，就明白即使在香港月賺港幣 12,000 元，其生活品質仍是不及月賺不到新台幣 30,000 元的台灣人。

1.3
重拾久遠了的友善文明

有云:「台灣最美的風景是人!」台灣人説話的腔調總是予人溫柔的感覺,再加上點頭、微笑、鞠躬等肢體語言,會令人感到友善親切。大陸著名作家韓寒到台灣旅遊之後,對台灣人的友善文明讚不絕口,認為中國優良的傳統文化幸有台灣人傳承下來。

自小學培養出來的公德心

台灣的公民教育做得很好,小學教育就開始培養友待別人、愛惜環境、尊重勞動等意識。在台灣的學校,即使是年紀小小的小學生,也要輪值負責校園的清潔工作;而在香港,校園清潔工作則全由校工負責,鮮見學生要拿著掃帚打掃。此外,把中港台三地做比較,台灣街道鮮見垃圾桶,然而街頭卻是三地最整潔的;商場百貨、捷運站的公眾廁所,台灣都較清潔,你不會嗅到異味,地上不會見到髒水橫流,這正是公民文明的最佳印證。台灣人除了公德心與環保意識較強,在公眾場合的態度舉止、待人接物,都較謙和有禮,這與台灣人自幼所受的公民教育有關。

```
    ┊ 2
1 ┊ - - -
    ┊ 3
```

1 台灣人公民意識強，鮮會隨地亂拋垃圾。

2 乘客在捷運月台不小心把飲料倒瀉，立即蹲下來清潔。

3 台灣小學生，小小年紀就懂得收拾。

筆者在台居住三年，住的是有 17 座大廈的屋苑，住戶人口至少 1,000，社區在台灣而言，規模不算小了，出入所見，儘管未必認識對方是誰，但彼此見面總會點頭、微笑打招呼，這情景在香港是不多見的。親身感受過台灣朋友對我的熱情，也目見過台灣朋友救援貓貓狗狗的忘我付出，發覺無論是對人、對動物，又或對死物，台灣人用情都特別深，相比之下，香港人似乎是冷了一點。

1.4
同文同種，沒有不適應的道理

移居歐美、加拿大、澳紐等西方國家，居所可能是一座維多利亞式的白橡木屋，庭院草地油油，推窗所見是一片湖光山色，感覺是很美好的，然而落到現實凡間，例如到診所看病、到政府機關辦理公文等等，我們必然要面對種種因語言、文字不同所造成的不便。

台灣跟香港同文同種，大家都是華人，用的同是繁體字，過的是同一樣的傳統慶節，只要略通國語，生活就跟香港一樣方便。香港有不少客家人，如果你是客家人，來到台灣就更加感到無比親切，除了客家菜館隨處可見，連電視頻道也有提供客家台。

放眼四周，如果要移民到一個法治健全的民主自由國家，唯有台灣是跟香港同文同種，對香港移民而言，無疑較易適應。

1.5
沒有土地問題，不用望樓輕嘆

如果有留意近一兩年香港地產發展商推出的新樓盤，一定發覺單位面積愈來愈小，圖則愈來愈畸型，呎價卻愈來愈貴；不少要上車的港人，往往只能望樓輕嘆！即使辛辛苦苦蓄足了上車首期，又蒙銀行批出按揭，但背上的 30 年樓宇貸款，就是買了一間索價至少三百萬、面積不足 200 呎的蚊型單位，還敢追夢談人生理想嗎？這正是在香港置業的殘酷現實。

三房兩廳兩廁兩陽台是基本盤

以台灣一坪約等如 35 呎來計算，香港人的家居面積約 11 至 12 坪，當中至少包含兩房兩廳了。筆者把這個住屋情況跟台灣朋友說，他們都認為如此狹小的單位面積，竟可以包含兩個房間，實在很難想像。台灣朋友很難明白，我們香港人的所謂睡房可能不足 50 呎，浴室廁所不足 30 呎。

記得筆者初到台灣，因打算買樓，就跟地產代理看了不少大廈住宅，每次參觀單位，我總會說：「嘩！廳房都很大，還有兩個露台啊！」在台灣，三房兩廳兩廁兩陽台是很基本的格局，超過八成民居都是這樣，地產代理都覺得一個實用面積 900 呎左右的民宅很尋常。而此等基本的台灣民居格局，對我們香港人而言，是何等奢侈！以高雄

市為例，市區一個實用面積 900 呎左右的三房單位，樓齡十年左右，平均樓價不用三百萬。試想想用三百萬，可以在香港市區買到甚麼單位？

三百萬港元可圓上車夢

拿著三百萬港元在台灣買樓，如果在台北之外地區，你會有很多選擇，而最重要的是，你覺得居所的空間規劃確實以人為本，至少你不用再把洗好的衣服晾在小小的廁所內。在新北市、桃園、台中、高雄、台南等地區，三百萬港元

可以在市中心精華地區買到實用面積約 1,000 呎的大廈分層單位，樓齡十年左右，連車位。香港的屋苑，大部分的公契都明言不得飼養狗隻，然而台灣的大廈，住戶都可養狗，對香港愛狗人士而言，更是一大福音。

卜居台灣，若然不一定需要居住市區，在郊區置業，同樣的三百萬港元，選擇就更多了。三百萬港元，你可以在郊區購置一幢四層高的別墅，別墅四房三廳，實用面積至少 3,000 呎，內有車房、庭院，可以種花栽果，養魚養狗，以為永遠無法實現的田園夢，原來在台灣是如此輕易得之。

在香港難以實現的上車夢，在台灣可以成真；在香港難以擁有的居住環境，在台灣可以輕易得到。

▲ 新北市板橋是極具發展潛力的地區之一，樓價卻比台北市中心便宜近 1/3。

國際人均居住面積最低標準[註]

國家 / 城市	最低標準（平方呎）
日本	199
美國	150
台灣	141
香港（公屋）	75
香港（劏房戶）	47.8*

* 香港沒就劏房戶訂人均居住面積的最低標準，中大的研究顯示劏房戶的人均居住面積是 47.8 平方呎。

註：中大未來城市研究所土地資源、房屋政策研究中心與全港關注劏房平台、中華民國住宅學會；節錄自〈人均居住面積 48 呎　少過囚犯港劏房戶慘過坐監〉《蘋果日報》，2015 年 6 月 26 日

1.6
街頭巷弄的濃厚人文氣息

如果要用硬件建設來評量一個城市繁榮與否，台灣絕對不及香港、上海、北京發達。當香港、上海、北京的商業用地呎價屢創新高，城中一幢又一幢的古舊樓房瞬間拆卸，換成是密密麻麻的高聳商廈，彼此都在標榜自己是國際大都會、亞太經濟金融中心的時候，台灣，好像仍在遠處墮後。

你會發現台灣六都（台北、新北、桃園、台中、台南、高雄）中，台中、台南仍未有捷運；走到所謂商業中心區，國際著名品牌及連鎖集團的大型商店不算多，反而是以個體經營的小店居多，而且，經營幾十年的老店仍在；民生社區的老舊房屋仍未被收購重建。以香港城市的發展標準來看，台灣，無疑落後，然而，不少大陸人、香港人仍是愛到台灣來個輕旅行，不為甚麼，就是為了感受台灣街頭巷弄濃濃的人文氣息，這是城市的靈魂，是那些競逐繁華的喧鬧都會早已喪失的靈魂。

從咖啡館看出店主個性

台灣的人文氣息，具體言之，就是城市各種細節，都可以讓你感受到人性關懷，讓你覺得，在這城市生活，你是受重視、受尊重的。咖啡館可說是最能體現城市個性的重要地方。

香港以 Starbucks、Pacific Coffee 等連鎖大型咖啡店為主，至於台灣的咖啡館，很多都是個體經營，店的裝修風格、咖啡的烹煮方法、提供客人閱讀的書刊，都反映不同店主的個性、喜好。根據台灣財政部的統計，2014 年，全國咖啡館共設立 2,172 家，年增率達 13%，這反映台灣人喜愛品味咖啡的程度已跟生活密不可分。在台灣，即使自己一個人，隨便走進一家咖啡館，也可靜靜消磨一兩個小時；咖啡香氣注滿一室，嗅覺已是一大享受；店家為你細心烹煮自家烘焙的咖啡，呷一口咖啡，由味蕾而來的幸福感，滿分；還可以當文青，一邊喝咖啡，一邊翻閱店家的文化哲學書籍，甚至興之所至，安坐一角創作詩文，那是悠閒、愉悦的，是生活美學的體現。

1 即使是台北市中心，也未被國際連鎖店攻陷。

2 不時會見到藝術家在街頭擺檔，也不會像香港般馬上被驅趕。

| 1 | 2 |

文化藝術盡在尋常生活細節

不少到台灣旅遊的人，都會被台灣的文藝氣氛迷住。藏身台北羅斯福路大學區的巷弄書室、開設在台中東海藝術街那些天馬行空的藝術商店、豎立在高雄駁二的雕塑、隱蔽在台南神農路老榕樹下的陶器工作坊等等，不經意地，成就了台灣「藝文沙龍」的形象！這股文化藝術氛圍，來自政府、民間對文化產業的由衷珍視，繼而敬虔推動，文化、藝術是真正融入生活，絕非單靠官方大灑金錢興建甚麼大型文化中心而促成的。生活在台灣，去欣賞一場雲門舞集的舞蹈演出，去聆聽一場嚴長壽的哲學講座，去鶯歌陶瓷博館跟陶藝家面對面交流，一切就是那麼自然不造作！走在台灣的路上，即使普通一片小店，當中使用的文字、店內的裝潢陳設，又或販售的商品，都會不經意展現台灣人的生活美學，置身公共空間，也能讓人感受箇中情意。也許因為筆者來自香港，對於這種種的城市細節，例如看見美容店外牆一行文字：「將掛心之事放在門口吧！」，見到高雄機場兒童候機室有塗鴉區，並且提供彩色顏料和畫筆，這諸般細節，都令人覺得驚喜、讚嘆，格外感動，然而這一切對台灣人來說，卻是生活裡的尋常事物。兩城對照，香港這城未免顯得冰冷、空洞，銅鑼灣、尖沙咀、旺角的街道行人如鯽，我們都不會認為自己的心靈需要會受到關懷顧念。

台灣的人文氣圍，正是她比香港、中國大陸優勝的軟實力。若你重視人文精神，認同人的生活不是只有金錢拚搏，台灣，肯定十分適合你！

▶ 在台灣，不時可在街頭或公園遇上音樂演奏。

1.7
治安好，是錢買不來的放心

到過台灣旅行的朋友，都知道民宿遍佈台灣各縣市；近年，很多來自世界各地的
年輕背包客都喜愛騎單車環遊台灣，礙於經濟的考量，他們都鮮會光顧星級酒店，
加上希望跟當地人互動、結識，深入了解生活民情，民宿就成為不二之選了！為
甚麼提到民宿？因為從台灣民宿的受歡迎程度，或多或少，可以反映旅客對台灣
社會治安極之放心！

可安心晚上獨自歸家

美國網站 Lifestyle9，曾於 2014 年就世界十大安全國家排名，根據美國聯邦調查
局（FBI）的數據分析，全球十大安全國家，台灣排行第二，僅次於日本。國家安
全與否，當然看她的犯罪率、自然災害、貪污程度、經濟情況等等，調查報告指出，
台灣因為竊盜案和暴力案數字不高，加上台灣民眾普遍友善，願意及時伸出援手
幫助他人，令前往台灣旅遊的觀光客幾乎不會遭受任何暴力事件。

馬英九總統在 2015 年接見美國企業總裁時表示，台灣在人才、研發能力上屢獲國
際好評，他更特別強調，台灣這地方，人民友善、治安良好，是吸引外商投資的
最大優勢。這是有數據支持，絕非信口開河。警政署刑事警察局副局長黃嘉祿表

示，目前台灣社會治安相較平穩，近十年來，全台犯罪案數目減少 44.82%，犯罪破獲率增加 23.58%。黃嘉祿表示，這期間台灣人口增加 66 萬人，但犯罪案數目反而減少 44.82%，破案率也從 1994 年的 62.45% 提高到 2014 年的 86.03%，增加 23.58%。

鄰里照應緊密　發揮守望精神

恐怖主義、搶劫、暴力不斷在世界各地發生，每個人都希望找到全世界最安全的地方安居樂業。從筆者在台灣生活的觀察，台灣社會治安確實比香港優勝，關鍵原因，是台灣在鄰里照應和社會保安監察兩方面，都做得比香港好。

先講鄰里照應，台灣仍然保留傳統社會的里長制，在全國市、縣、鄉的行政區裡，每一條街里，都有一位民選里長，是最基層之地方自治單位。全台灣大約有 7,800 個里，服務的里戶，由 100 至 1,000 不等，視乎地區規模，如台北的里長，看顧的里戶，就往往有一千之數。里長不是公務人員，沒有工資，只是本著服務鄰里的熱誠而投入公務。街道因有里長之設，警方可以不時與里長聯繫，了解每個里的人口活動和治安狀況，這對維繫地區安全，確實有積極作用。

此外，筆者發覺台灣的屋苑大廈設計，多屬一梯兩伙，每層兩伙住戶，平均每一棟大廈的住戶人數以一二百人居多，出入的居民大多彼此認識，鄰舍的守望意識也明顯較香港強，所以遇有不尋常情況，也較易察覺。再者，台灣每條街道均裝置監視器，對香港人而言，或許覺得私隱受到侵犯，但不能否認，台灣治安良好，確實與街道監視器廣設有極大關係。

購買電話卡須登記個人資料

最後，必然要提台灣販售手機電話儲值卡的保安做法。在香港，不論本地或外來人口，個人毋須登記任何資料，隨便就可以在便利店、電訊公司買到手機電話儲值卡，這無疑方便了有心用手機犯案的罪犯；然而在台灣，要買一張手機電話儲值卡，就必須出示身份證明文件，外來人口要購買手機儲值卡，他們的護照、出入台證，都一律要影印並交到電訊公司存檔，這樣，當然有利維持地方治安。

要移居他方，當地治安的好壞，必然是首要考慮。畢竟初到貴境，人生路不熟，安全感是極之重要。筆者移居台灣至今已有一段日子，說真的，那種安然舒泰的放心，是從前在香港生活未曾有過的。

1.8
世界級醫療設備 服務猶勝香港

如果撇除因為求診人士過多而造成漫長的輪候時間和病床不足這個事實，香港的公立醫療系統確實是不錯的！香港公立醫院收費便宜，醫護人員、醫療設備都達致國際水平，對香港人而言，移民別國，旨在追求更美好的生活，自然希望當地的醫療系統不會比香港差。且看看台灣的又如何？

筆者在台灣生活三年，從自己求診、朋友因病住院等經驗，認識到台灣的醫療體系，確實不比香港差，某些地方，更加是勝過香港。

醫療儀器先進　技術排名屢列前茅

2012 年，美國國家地理頻道紀錄片《亞洲新視野：台灣醫療奇蹟》介紹，台灣醫療技術在國際間早已享有盛名，全球前二百大醫院中，台灣就佔了十四家，僅次於美國及德國，排名全球第三，也是亞洲第一。同年，英國《經濟學人》雜誌在評估「世界健康排行榜」時，綜合各項指標，將台灣列為世界第二名，僅次於瑞典。2008 年諾貝爾經濟學獎得主克魯曼（Paul Krugman）曾撰寫題為《驕傲、偏見、保險》的文章，要求美國政府虛心向台灣學習全民健保的經驗，盛讚台灣全民健保堪稱世界典範。

1 ┊ 2

1 醫院急診中心的輪候時間不像香港般長。
2 高雄市立大同醫院是全台灣最短時間內獲特優醫院榮譽的醫療機構，樹立公辦民營之典範。

台灣醫療資源充足，醫院間競爭相當激烈。台灣醫療擁有諸多亞洲之冠、全球第一之強項。台灣的醫療機構使用的，是世界最先進的醫療儀器，例如：達芬奇機器人手術系統問世並投入臨床應用，被譽為微創外科發展的里程碑，每台系統都價值數千萬美元。根據2012年的統計，台灣裝備達芬奇機器人手術系統就已有九家醫院使用，包括：三軍總醫院、林口長庚紀念醫院、台北市立聯合醫院、振興醫院等。

癌症病人獲度身訂造心理輔導

除了醫療硬件不俗，令筆者更加欣賞的，是台灣醫療的軟件設備。筆者認識一位癌病康復者，曾在屏東市大連路的屏東基督教醫院接受半年的住院治療，當她跟我說，每個住院的癌症病人，都有自己所屬的駐院心理輔導員跟進，藉著日常的互動、閒聊、安慰、鼓勵病人，讓病人感受溫暖，不致失去求生意志。這種人性的醫療關顧，在人口如此稠密、生活節奏如此急速的香港，確實很難提供。

「金卡、綠卡，不如台灣健保卡」

談到台灣醫療，重頭戲必然是廣受國民歡迎的全民健保制度。台灣全民健康保險，簡稱為「全民健保」或「健保」，屬強制式保險，是國家的福利政策。這種社會

保險於 1995 年實施，是一種繳費互助、社會統籌、平等就醫的醫療安全保障制度，以實現社會共濟為理念，解決國民因貧而無法就醫的困境。在提供的醫療服務中，涵蓋了住院醫療服務和西醫、中醫及牙醫的門診醫療服務，給付範圍包括醫生診察、檢查、檢驗、手術、處方、藥品、治療處置、護理、康復及住院病房費等項目。以月入新台幣 40,000 元的人為例，他們健保費大概是每月 400 元，其餘部分由工作機構和政府補貼；而個人、公司、政府繳納比例為 3：6：1，個人自付比例相當低。

台灣民眾一旦患病，只需攜帶自己的健保 IC 卡，就可以到任何醫院或診所就醫，醫院、診所憑著健保 IC 卡，即可為病人辦理看診或住院手續。健保 IC 卡在許多場合，甚至可替代身份證，成為有效的身份證明檔案。由於健保制度保障大，不少移民美國的台灣人，他們一旦生病，都會返台就醫，享用台灣價廉物美的醫療服務，因此現象，台灣人有句順口溜：「金卡、綠卡，不如台灣健保卡。」

因應醫療開支大幅增加，台灣政府於 2010 年推行二代健保，健保費率由 4.55% 增至 5.17%。保費調整後，投保薪資在新台幣 40,100 元（月所得約 51,410 元）以下民眾，增加的保費差額，由政府負擔 100%，投保薪資在 42,000 元（月所得約 53,850 元）以下者，政府補助 20%。

例如：陳小姐是公司會計文員，領有加班費和主管津貼，月所得近新台幣 40,000 元，以 33,600 元為投保薪資在公司參加健保，以 33,600 元 x4.55%x30% 得出月繳健保費 459 元。二代健保費率調整後，健保費增為 521 元，因獲政府補助，不必多繳保費，月繳健保費，依舊是 459 元。至於原來就免繳健保費的低收入戶、退休軍人及其家眷，仍由政府全額負擔。即使是保費增加，對香港人而言，台灣的健保制度仍有極大的吸引力。

1.9
來往香港2小時 本土交通網絡完善

移民台灣，其中一個很大的吸引點，就是地利；台灣離香港很近，往返港、台的航班既頻密、快捷，票價也便宜。以往不少移民美加的香港人，他們礙於往返兩地的航程動輒十多個小時，機票又貴，唯有盡量減少返港次數；移民之地若是台灣，那就完全沒有這個顧慮了。

◀ 桃園國際機場是往返香港航班最頻繁的
台灣機場。

港台航程少於兩小時

台灣的航空交通系統完善，國際機場有五個：

- 台北松山區的松山機場，經營東亞四地（羽田、金浦、虹橋與松山）對飛國際航線（國際與兩岸定期包機）和國內航線

- 桃園大園區的台灣桃園國際機場，經營國際航線

- 台中大雅區的清泉崗機場，經營國際和國內航線（國際與兩岸定期包機）

- 台南南區的台南機場，經營國際和國內航線（國際與兩岸定期包機）

- 高雄小港區的高雄國際機場，經營國際和國內航線

以上五個國際機場，除了松山機場外，均有提供往返香港、台灣的直航班機，其中以台北桃園國際機場提供最多的航班，其次是高雄小港區的高雄國際機場。加上台灣跟香港，航程不超過 1 小時 30 分鐘，往來實在便捷，對於那些需要來台申辦定居手續，過程當中不時要往返港台的香港人而言，這是一大優點。

鐵路系統：完善集中　票價便宜

至於台灣本土的集體運輸系統，發展也極之成熟，高鐵、火車、捷運、輕軌，都一一俱備。高速鐵路，拉近城際間之距離，台北至高雄成為一日生活圈；環島鐵路網的各線火車，緊密地連繫著本島各大小城市；台北、高雄都有捷運系統，對於習慣倚賴集體運輸工具的香港人而言，在台灣生活出入一樣方便。除此之外，公車系統也完善，即使未有捷運的地區，各路公車絕對可以滿足乘客需要。

筆者在台灣最常乘搭捷運，方便程度與香港無異，而且票價平均比香港便宜。台北和高雄都有完善的捷運系統，車廂整潔，行車安全，班次頻密，是上班族和學生的至愛。筆者最欣賞台灣捷運系統的人性化設計，就是每個捷運站必然設有公共廁所，而且環境清潔，沒有異味。要是人有三急，在台灣捷運站內，絕對可以找到解決辦法；至於香港，就不是各個車站都能照顧乘客在這方面的需要了！這是台灣捷運貼心之處，值得一讚。

◀ 台北車站是全台灣規模及流量最大的火車站。

鮮見黑面、拒載的士司機

如果自己不開車，又不愛使用集體運輸工具，那麼，台灣的計程車（的士）服務，一定令你讚不絕口。早前，香港政府打壓 Uber 而備受輿論批評，Uber 廣受香港人歡迎，這與市民不滿的士行業的服務有莫大關係。在台灣，Uber 卻敵不過計程車，台灣民眾仍是選擇乘搭計程車而捨 Uber，因為台灣的計程車，鮮見司機黑面、拒載、濫收車資等情況，在市區輕易就能叫到計程車，不似香港般困難。在台灣乘搭的士，確是享受！

1.10
四大途徑移民 手續簡單便捷

上文說過不少台灣的優點，但現實仍是必須觸及一個最關鍵問題，就是移民手續容易嗎？要是移民門檻極高，甚或根本不歡迎外地移民，即使地方如何吸引，也是不得其門而入。

2014 年起取消「存款移民」條件

根據台灣移民署統計，2014 年有 7,498 宗港澳人士、包括留學生及投資移民等獲批居留當地的個案，比 2013 年的 4,624 宗增加 62%，其中超過 90% 為香港人。台灣在最近一兩年，確實成為香港人移民的熱門選擇。有鑑於此，台灣內政部也擔心來台的香港移民不斷增加，會造成社會壓力，所以，2014 年就取消了「存款移民」這個項目，意思是說，港澳人士不可以用「定期存款五百萬新台幣滿一年」，作為申請長期居留的理由。縱然台灣開始收緊移民政策，但較諸如其他西方國家，台灣對港澳人士開出的移民條件，仍是寬鬆的。

到目前為止，香港永久性居民仍然可以透過以下途徑移民台灣：

一、投資新台幣 600 萬元，以投資移民身份入籍

香港永久性居民，只需在台灣投資新台幣 600 萬元（約 150 萬港元），請台灣執業會計師向台灣經濟部投資審議委員會（簡稱投審會）遞交投資計劃書，經台灣經濟部投資審議委員會審查通過，確實經營及納稅，便可攜帶配偶及未滿 20 歲子女獲准在台灣長期居留。港人獲得外僑長期居留證後，在台連續居留滿一年（一年內出境不得超過 30 天），或連續居留滿二年，且每年在台居住 270 天以上，便可申請入籍，取得台灣國民身份證和護照。

二、赴台升學

由於台灣同樣面對人口老化的問題，台灣政府致力吸引年輕人移民，所以，於 2014 年放寬學生居留的條件。香港人赴台灣升學後，畢業後留台工作，居留連續滿五年，每年在台居住 183 天以上，且最近一年，在台灣平均每月收入，超過中央勞工主管機關公告基本工資兩倍者，便可申請定居。根據勞動部最新數字顯示，自 2015 年 7 月 1 日起，基本工資調整為新台幣 20,008 元（約 5,000 港元），換言之，港籍畢業生平均每月收入達到港幣 10,000 元，即新台幣約 40,000 元，就可申請入籍。

相對於香港，台灣專上學院學費不高，加上生活消費較低，對於喜歡台灣的香港年輕人而言，這是極具吸引力的移民途徑。

三、技術移民

香港人具備專業技術能力，並已取得香港政府之執業證書，或在學術、科學、文化、新聞、金融、保險、證券、期貨、運輸、郵政、電信、氣象或觀光專業領域有特殊成就者，只要獲得台灣合格企業應聘，皆可申請來台工作，並取得居留資格。連續以工作事由居留滿五年者，即可申請入籍。

國立台灣大學是很多外地學生的升學目標。

四、創業居留

若資金不多，未能符合新台幣 600 萬元的投資移民條件，但又想在台灣生活，香港人可考慮在台灣創業，並申請工作居留。

申請人先要有新台幣五十萬元（約港幣 12.9 萬元）作為營運資金，在台開設公司後，便受聘於自設的公司，即可申請一年期的工作居留證。不過，有關公司必須證明每年營業額達三百萬元新台幣（約 78 萬港元），並繳付營業額當中 5% 作為銷售稅，申請人才可繼續延期居留，每次續期一年。這是台灣政府為吸引年輕人移民而新設的項目。

第二章

移居前的準備

2.1
美食與明星以外的台灣

一旦計劃移民他方，不論是哪個國家也好，作為新移民，認識當地的歷史文化、地理和政治環境，這都是必要的，畢竟，我們的新家在此。在過去殖民地時代，港英政府刻意讓港人跟兩岸敵對的政治疏離；回歸之後，關注的重點又落在中國大陸身上；是以台灣雖離香港不遠，但港人對台灣的認識，往往只局限於美食與明星，至於台灣的其他方面，談不上了解。

1 ┊ 2

1 台灣每年舉辦的春浪音樂節都會吸引不少香港年輕人專誠前往觀賞。
2 台灣唱作女歌手陳綺貞。

```
1 ┊ 2
━━━┊━━━
3 ┊ 4
  ┊━━━
  ┊ 5
```

1 台灣樂隊蘇打綠主唱青峯。
2 台北饒河街夜市經常人滿為患。
3 較多本地人會前往永康街夜市。
4 地道小食大腸包小腸。
5 鮮榨果汁店林立滿街。

台灣政府，是指統治台灣、澎湖、金門、馬祖之中華民國政府。就主流媒體而言，均稱中華民國政府為台灣政府。台灣總面積：36,000 平方公里，人口 2,300 萬。

十七世紀前期，荷蘭人進駐台灣，開始了傳教、貿易及各項生產活動，並招募大陸沿海地區的漢人來台墾殖。在中國大陸沿海地區人民尚未大量移民台灣前，原本住在台灣及其周邊島嶼的，是賽夏族、泰雅族、排灣族和卑南族等原住民。其後，在短暫的鄭氏政權時期及清朝統治的兩百多年間，漢人移民逐漸增加，在台灣形成漢人社會。

由十七世紀初以來，台灣歷經過不同政權的統治，從 1624 年起，荷蘭人統治台灣 38 年，以台南為主要據點，期間北台灣又有西班牙人統治 16 年（1626 年至 1642 年）；1662 年鄭成功趕走荷蘭人佔領台灣，鄭氏經過三代，在台灣統治了約 22 年；之後，1684 年滿清收復台灣，統治台灣前後共 211 年；1894 年，清朝在甲午戰爭中敗給日本，1895 年簽訂馬關條約，台灣割讓予日本，成為日本殖民地。1945 年，第二次世界大戰結束，日本戰敗，當時中國國民政府正式接收台灣，日本對台灣 50 年的殖民統治告終。二次大戰結束未幾，中國又陷入國共內戰，最後，國民黨敗退，1949 年，蔣介石率領中華民國政府播遷入台。

▶　中正紀念堂內的蔣介石像。

1 ┊ 2
———
3 ┊

1 台灣以竹筒祈願的方法正是由日本繪馬演變而成。
2 台灣總統府於日治時期原為總督府辦公廳之用。
3 撫台街洋樓又叫「大和町洋樓」，是台北府城
  內碩果僅存的日治時代建築古蹟。

說到台灣的社會文化，管治政權當然有很大的影響力。在日本殖民統治的50年間，
台灣的社會文化受日本影響甚深。台灣人浸泡溫泉、家居的和室、便當的擺設、
和果子製作等文化，都是日據時代留下至今。不少老一輩的台灣人因在日據時代
接受過皇民教育，所以能操日語，再看他們的衣著細節，例如堅持出外會戴帽子、
會穿襪子以示禮貌，這都是日本文化的遺痕。

▶ 台灣民間宗教極多，碧山巖開漳聖王廟內就供奉著開閩民族英雄陳元光。

至於台灣島上住民，當然也有自己的傳統文化保留。隨著十七世紀大量漢族人口移入，他們帶來的傳統中國文化，自然成為台灣文化的主流。台灣民俗文化具有鮮明的中國傳統色彩，例如重視七夕這個情人節，還有盂蘭節普渡儀式十分隆重，很多在中國大陸已不被熟知或消失的中國傳統習俗，尤其是廟宇文化，就在台灣傳承下來。台灣兼融閩南、客家、外省及原住民等不同的族群，無論在宗教信仰、建築、語言、生活習慣及飲食風味，都是多姿多彩。

自然地理複雜　原生品種多樣

由於地層板塊運動不斷進行，造成台灣複雜多變的地形地貌，高山、丘陵、平原、盆地、島嶼、縱谷與海岸等景觀豐富，而火山及溫泉皆多；再加上北迴歸線恰好從中通過，使台灣同時擁有熱帶、亞熱帶、溫帶等各種自然生態，其中原生特有品種的比例相當高，如櫻花鉤吻鮭、台灣獼猴、台灣黑熊、藍腹鷳等，使台灣成為世界保育的重地之一。

```
      1
-----------
  2  |  3
```

1　北投境內大屯火山群其中一個活火山口。

2　高雄壽山上的獼猴家族。

3　台灣黑熊，胸前的Ｖ字斑紋為其特徵。

▲ 北投溫泉。

台灣也擁有豐富的海洋生態，在東海岸太平洋，可以看到一群群瓶鼻海豚、飛旋海豚、花紋海豚、弗氏海豚、熱帶班海豚跳躍海面。至於墾丁以及綠島、澎湖地區，還有美麗的珊瑚群。

此外，台灣的林木資源極之豐富，獨有的檜木就極受世界各地歡迎。台灣 3,000公尺以上的山峰超過 200 座，是少有的地理現象。因為山地多，台灣各類型的登山活動相當風行；台灣有山有水，單是環島旅遊就很精彩了！

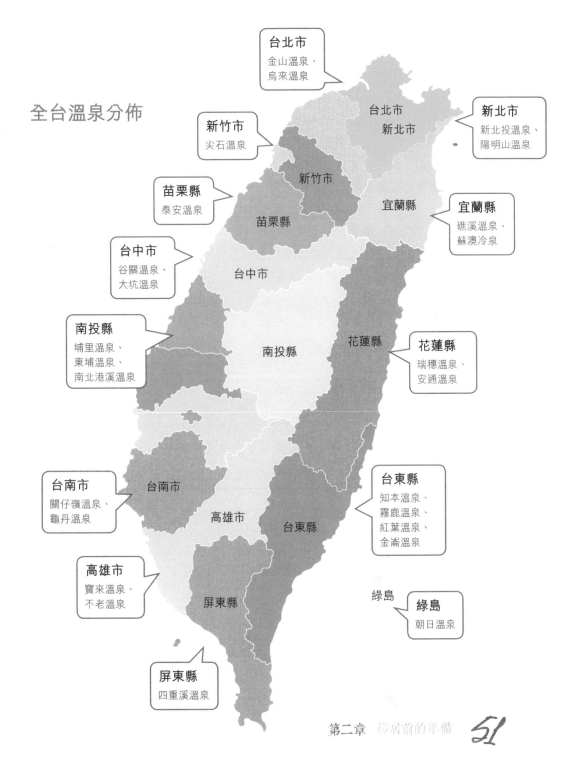

全台溫泉分佈

台北市
金山溫泉、
烏來溫泉

新北市
新北投溫泉、
陽明山溫泉

新竹市
尖石溫泉

苗栗縣
泰安溫泉

宜蘭縣
礁溪溫泉、
蘇澳冷泉

台中市
谷關溫泉、
大坑溫泉

南投縣
埔里溫泉、
東埔溫泉、
南北港溪溫泉

花蓮縣
瑞穗溫泉、
安通溫泉

台南市
關仔嶺溫泉、
龜丹溫泉

台東縣
知本溫泉、
霧鹿溫泉、
紅葉溫泉、
金崙溫泉

高雄市
寶來溫泉、
不老溫泉

綠島
朝日溫泉

屏東縣
四重溪溫泉

台北市
新北市
新竹市
苗栗縣
宜蘭縣
台中市
南投縣
花蓮縣
台南市
高雄市
台東縣
屏東縣
綠島

平均 22 度　高雄屏東地震較少

台灣全年溫暖，年平均溫度約為 22 度，平均最低溫不過攝氏 12 至 17 度。每年的 3 月至 5 月，偶受滯留鋒面徘徊影響，有著細雨綿綿的天氣形態。每年的 6 月至 8 月，偶爾會有颱風經過。

介紹台灣自然地理，地震，必然是重點關注項目。台灣位處環太平洋地震帶，常有地震，對香港人而言，我們從來沒有地震的經歷，如果打算移居台灣，認識地震、面對地震，是首要的功課。以下是台灣各區地震情況的扼要概說：

台北分區

本區以大屯火山群的分佈面積最大，地震活動也相對較為頻繁。

台中分區

本區較大地震多發生在島內陸地且深度都淺，近百年來台灣本島災情最慘重的兩次地震（1935 年新竹台中地震、1999 年集集地震，又稱九二一地震），都發生在台中分區。

嘉南分區

範圍涵蓋彰化南邊、雲林、嘉義與台南等地區，嘉南分區於 1900 年至 2008 年共發生 18 次規模達黎克特制六級以上之地震。

台灣地區近百年
主要地震震央

新竹縣關刀山大地震
（黎克特制 7.1 級）
1935 年 4 月 21 日

濁水溪上游大地震
（黎克特制 6.4 級）
1916 年 8 月 26 日

台中地震
（黎克特制 5.7 級）
1916 年 11 月 16 日

埔里地震
（黎克特制 5.8 級）
1917 年 1 月 5 及 7 日

嘉義民雄大地震
（黎克特制 7.1 級）
1906 年 3 月 17 日

嘉義地震
（黎克特制 6.1 級）
1904 年 11 月 6 日

嘉義地震
（黎克特制 7.1 級）
1941 年 12 月 17 日

台南地震
（黎克特制 6.5 級）
1964 年 1 月 18 日

台南地震
（黎克特制 6.3 級）
1946 年 12 月 5 日

花蓮地震
（黎克特制 5.6 級）
2015 年 9 月 16 日

花蓮地震
（黎克特制 6.3 級）
2013 年 10 月 31 日

集集大地震
（黎克特制 7.3 級）
1999 年 9 月 21 日

台東大地震
（黎克特制 7.3 級）
1951 年 11 月 25 日

恆春地震
（黎克特制 6.8 級）
1959 年 8 月 15 日

高屏分區

本北邊區域承受歐亞大陸板塊與菲律賓海板塊相互碰撞擠壓，屬於應力壓縮的狀態，而南邊區域則位於歐亞大陸板塊向東隱沒至菲律賓海板塊底下的隱沒帶，呈現應力拉張的狀態，可能是因為北邊壓縮與南邊拉張的關係，導致本區地體構造有向西南逃脫的現象。整體而言，相較於其他各分區，本區地震活動比較平靜。

台東分區

本區同時兼具有構造上的轉折、弧陸碰撞與海槽活動等特性，震源深度深淺都有，地震活動最頻繁。

花蓮分區

本區位於歐亞大陸板塊和菲律賓海板塊之碰撞擠壓交界處，地體構造相當複雜，本區地震活動的頻率、數量及規模均可說是全台灣最活躍的區域。

自由民主下的藍綠政治生態

1987 年 7 月 15 日，總統蔣經國宣布解除「戒嚴令」，其後更廢除「黨禁和報禁」。解除戒嚴令，意即表示「戒嚴令」不再是中華民國政府在台灣穩固統治的重要法律，並等同宣布台灣不再是處於如戰爭般的緊急狀態。隨著解除戒嚴、廢除黨禁和報禁，台灣當即邁入政黨政治時代，確立代議民主制。簡言之，台灣已非一黨獨大之威權國家，而是政治民主、經濟自由、社會開放之國家。具體而言，政治民主乃政黨政治；經濟自由乃市場經濟；社會開放乃言論自由。1996 年，台灣第一次由公民直選總統、副總統，到 2000 年第一次政黨輪替，2008 年第二次的政黨輪替。

今天的台灣，是自由民主的法治國家。以巴黎為基地的無國界記者組織發表了 2015 年度全球新聞自由度報告，中國在 180 個國家和地區中排在第 176 位，香港排在第 70 位，至於台灣則名列第 51 位，在亞洲國家和地區中排名最高。

▼ 代表民進黨的蔡英文、陳建仁在高雄市競選總部成立晚會，人頭湧湧。

自 1987 年台灣開放「黨禁」以來，政黨就如同雨後春筍般湧現。台灣的政黨，最主要的有三個，分別是：民進黨（民主進步黨）、國民黨和親民黨，其次有一定影響力的，是台聯黨、新黨等等。藍綠之分，主要在國族認同的意識形態有別。國民黨、親民黨、新黨，強調「中華民族」的身份，認同台灣是中國，因國民黨黨徽是青天白日旗之故，泛稱為「藍」。民進黨、台聯黨，強調「台灣人」的身份，認同台灣就是台灣，因民進黨創黨時的黨旗是綠色底白色米字，中央有綠色台灣之故，泛稱為「綠」。

台灣自 1987 年解嚴、開放大陸探親後，兩岸關係產生巨大的變化，台灣執政當局，蔣經國總統放棄了「不接觸、不談判、不妥協」的三不原則，一掃過去拒絕與中國大陸的互動；對內則因 1986 年民進黨宣布成立，造成國內新的政治局勢發展，台灣內部開始出現競爭性的政黨。由於民進黨對於國民黨的政權挑戰，不斷刺激了台灣本土意識的興起，也讓台灣愈來愈以一個獨立國家的姿態來面對大陸，這是兩岸關係的最大障礙。台灣本土意識的興起，讓台灣在國家認同問題上，產生了「中國認同」或「台灣認同」之爭論。

由於藍綠在意識形態上不斷爭論，不少台灣人開始厭倦此種政治文化，遂傾向支持「超越藍綠」的主張。柯文哲堅持以無黨籍的身份參選台北市市長，最後並以 853,983 票擊敗國民黨參選人連勝文，這場選舉，說明「超越藍綠」的基調為大眾受落。總結而言，在民主政治發展的路上，台灣確實比香港走得快，也走得遠。

2.2

認識台六都 選定所愛

卜居香港的考慮，不過是港島、九龍、新界還是離島，彈丸之地，全城在密集的集體運輸網絡覆蓋下，各區距離也不會太遠，只有樓價、學區是關鍵的考慮因素罷了！台灣比起香港大很多，香港大概只有台灣面積的 1/33，只比台北市和新北市大三至四倍左右；因為台灣島面積大，南北民情有別，東西景致不同，如果移民台灣，究竟落戶何地，要思考的層面就深廣許多了！香港朋友一旦決定移民台灣，當然要因應自己的性情喜好、資本實力等方面來選定落戶之處。

住在港鐵站上蓋的大型屋苑，百貨買賣、飲食娛樂以至醫療服務，都有商場提供所需；外面狂風暴雨，我們依樣可以不露風雨，就由住家走到商場消費，這就是大部分香港人習慣的港式都市生活。如果你是處處要求生活機能方便的香港人，日常生活又重視娛樂、享受，移居台灣，還是適合住在台灣六都大城市。

「六都」走一圈　感受各地氛圍

台灣「六都」，指台灣的六個直轄都市，包含有台北市、新北市、桃園市、台中市、高雄市和台南市。六都各有城市面貌，民情也有差異，筆者認為當有了移民台灣的念頭，先到六都實地走走，在每地來一趟七天的輕旅行，感受不同的城市氛圍，

1 西門町是台北市內最繁華的消費商圈。
2 市內大型商場林立，零售娛樂等與香港相距不遠。

然後才選定所愛。就以筆者為例，也是先後到過台北市、新北市、桃園市，台中市、高雄市和台南市，比較過後，覺得高雄的城市規劃和地方人情最合己意，最後才敲定以高雄為家！

台北市：經濟商業文教重鎮

台北市是台灣中央政府的所在地，除了是全國政治中心，也是經濟、文教重地。全國規模最大的公司、企業、銀行、商店總部都集中台北，博物館、美術館、紀念館等為數不少，外雙溪的故宮博物院，就是世界重要藝術寶庫之一。教育方面，全國最著名的學府都集於此，高中有建國中學和台北市立第一女子高級中學（簡稱北一女），大學就有台灣大學。赴台灣升讀大學的香港學生，以選擇台北的專上學府較多。

台北面積不到全台灣的 1/100，而全台灣卻有 12% 的人口居住於此，單計算戶籍設在台北市的人口，就有約 260 多萬。台北城市發展成熟，商業活動、教育、社福、資訊服務等軟件都較其他縣市優勝，且工作機會多、薪資水準較高，不少台灣人都要擠進大台北尋找機會，遂吸引不少其他縣市的人口移入台北工作，再加上是遊客來台的必到之處，因此，台北市商業區的人流極多，樓價也是全台最高。台北集體交通運輸非常發達，路線多，覆蓋面廣，是台北人最依賴的交通工具。對習慣都市生活的香港人而言，必定喜歡台北的捷運。台灣人公認台北人的生活步調最急，生活壓力也最大，當然，如果跟香港比，台北的節奏仍是算慢。如果你需要考慮事業發展、子女升學等方面，又習慣繁忙的都市生活，要是不介意樓價高，台北市是比較適合的。想移居台北的香港人，要注意台北的氣候，由於地處盆地，熱島效應之下，夏天非常悶熱，而且潮濕多雨，除了颱風，還有地震威脅。

新北市：最具發展潛力的核心都市

新北市，人口 390 多萬，她的面積約佔台灣本島總面積的 6%，但人口卻居冠。
香港人遊台北，通常會順道遊淡水老街、九份老街，淡水、九份就是在新北市。
大部分香港人都把新北當台北，其實，她是另一個直轄市，只不過她是在台北外
圍而已。

新北市從前叫台北縣，是台北市的衛星城市，2010 年 12 月 25 日起改制升格為直
轄市。全市共劃分為 29 區，其中政府所在地為板橋區。新市鎮及土地開發不斷擴
展，汐止、林口、土城是較後期興起的市區。在台北都會區擴大及升格直轄市的
雙重效應下，現今的新北市淡水河左岸各區，已成為台北都會區以外，另一個核
心都市。新北市境內環繞著台北市及商港城基隆市，形成大台北都會區共同生活
圈，並與桃園縣、宜蘭縣接壤，這是新北市的地利，吸引不少外來人口移入。用
香港的認知來類比，新北市就像香港的新界。

1 ┊ 2　　1 淡水老街感覺就像香港女人街般，居民遊客各佔一半。
　　　　　2 以放天燈聞名的平溪是新北市轄下人口最少的行政區。

目前新北市板橋區、新莊區、中和區、永和區、新店區、淡水區、土城區、三重區、蘆洲區、泰山區等已經有捷運到達。新板特區、新莊副都心的蛻變，不只帶動經濟活動升級，也與台北市形成雙子城的氣勢。綿密的捷運網絡，令往來新北、台北極之便利，加上新北樓價相對台北較低，所以新北人口數目不斷增加，增長為全國第一名。

站在雙海港（台北港、基隆港）、雙空港（桃園國際機場、松山機場）的優勢上，新北市極具發展潛力。新北市致力拼經濟，與台北市並列「經濟力」第一。如果喜歡台北的城市風格，始終覺得自己是離不開工作的城市人，但又嫌台北樓價高，新北就是不二之選了！

新北全年雨量多，夏天溫度很高，也是潮濕多雨，跟台北一樣，除了颱風，還有地震威脅。如果接受這種種，移居新北是不錯的。

桃園市：捷運計劃帶動城市生機

桃園市，從前叫桃園縣，2014 年 12 月 25 日正式改制為直轄市，名稱定為「桃園市」，成為台灣北部第三個直轄市。相信香港人對桃園市並不陌生，因為香港人到台北旅行，下機之地就是桃園國際機場。

桃園市位於台灣島西北部，是「北北桃生活圈」的一部分，即是桃園市連接台北、新北，成為一個生活圈。桃園市全市面積 1,220 平方公里，設籍人口約 209 萬人、流動人口約 250 萬人、外籍居民約 12 萬人，為北台灣人口第三多之主要城市。

桃園市以桃園區與中壢區為兩大都會區，一般習慣依族群分佈及生活圈分為北桃園和南桃園，北桃園為桃園區，南桃園為中壢區。桃園區人口約為 42 萬，中壢區約 38 萬，兩者構成雙城格局。

1 ┆ 2

1 在桃園中正藝文特區正進行很多大型建設工程。
2 桃園擁有極完善的交通系統，高鐵站附近區域亦迅速發展。

桃園區是桃園市政府所在地，也是全市人口最多、最密集的行政區，以閩南人聚落為主，與新北市鶯歌區相鄰，乘此地利之便，未來捷運會貫通新北、台北，跟雙北結合成一天往返的生活圈。桃園區的中正藝文特區，街廓整齊，擁有三個交流道，未來也有捷運綠線規劃，無論是生活機能、重大建設、學區公園，皆屬桃園最完整的生活圈，是豪宅集中地，跟台北信義區相似。

中壢區以客家人聚落為主，為桃園早期開發的重要商業區，中壢區的海華特區，就是南桃園的精華地段，桃園唯一的崇光百貨（SOGO）就是進駐此區，還有知名連鎖賣場 Costco（好市多）。海華特區街道規劃整齊，未來近桃園捷運藍線A21 站，生活機能完善，房價也居中壢區之冠。習慣都市生活的香港人，如果想落戶桃園，建議選擇桃園區和中壢區；其他如龜山、新屋等鄉鎮地區，除非你是喜歡恬靜的小城生活，否則，不宜港人長居。

至於香港人關心的捷運系統，桃園捷運機場線及桃園捷運藍線已展開興建，桃園捷運橘線、桃園捷運綠線、桃園捷運棕線、台鐵捷運紅線等計劃也陸續展開。桃園機場捷運的台北至中壢環北站路段，預定 2017 年 1 月通車，並規劃延伸至中壢火車站，預定 2021 年完工。中壢區將成為全國少數同時擁有三鐵（高鐵、台鐵、捷運）的行政區之一。由於桃園市毗鄰台北都會區，又有多項重大運輸建設計劃，近年來發展迅速。目前往返雙北、桃園，交通有班次頻密的客運公車，未來又有連結雙北的捷運開通，上班族往返通勤，交通方便，不少負擔不起台北、新北樓價的台灣人，都會選擇在桃園置業。

特別一提的是，香港人要注意桃園的氣候。於一月至三月，由於強烈大陸冷氣團的來襲所形成的數波寒流影響，因而潛在著寒害的風險，常有數天的氣溫比全台平地的月均溫度最低的新北市淡水區還要低。

台中市：擁豐富自然觀光資源

台中市位於台灣中部，北與苗栗縣、新竹縣接壤、南臨彰化縣、南投縣、東隔中央山脈與宜蘭縣、花蓮縣相鄰，設籍人口約 270 多萬。台中市的面積和高雄市差不多大，只有台北市的 3/5，是台灣第三大城市，也是台灣省中部的經濟、文化與交通中心。台中市腹地大，四季如春，冬天不像台北的濕冷，夏天又不會有高雄的炎熱，加上有中央山脈群保護，遭受颱風的威脅相對其他縣市為低。

近年台中市人口持續增加，消費潛力佳，中部科學工業園區的設立，又提供不少就業機會，加上各項重大公共工程如捷運又快完工，吸引不少外地客跨區到台中定居。一樣鄰近自然生態區域，台北大安區地價一坪就要新台幣 200 多萬元，而台中的七期重劃區註，只需 70 萬左右，足足比台北便宜三倍，利用高鐵往來台北、

註：位於西屯區及南屯區的七期重劃區是新市政中心，內有不少建設備受矚目，包括秋紅谷公園、綠園道以及剛落成不久的台中歌劇院。

1	2
3	

1 山明水秀的台中中山公園。
2 清境農場的自然風光。
3 台中武陵農場在初春時櫻花盛放。

台中，需時不到 50 分鐘，所以近年不少台北人到台中置業、定居。台中目前高等學校數量超過台灣第二大城市高雄市，僅次於台北市，有中興大學、東海大學、逢甲學校等十多所知名大學，據市長林佳龍表示，台中年輕人口僅次於新北市，在六都之中，高踞第二。

台中本身就擁有豐富的自然觀光資源，特色的主題觀光據點，如谷關、盧山溫泉聖地以及日月潭、清境；又有文創集結的新社、集集、鹿港、三義特色文化小鎮，對於喜歡追求養生、樂活的香港人而言，台中是一個理想的落戶處。當然，對於看重城市發展前景的香港人來説，城市活力繫於集體運輸工具，而台中捷運仍未完工，這可能是港人最介意的地方。目前興建中的台中捷運綠線，預計在 2017 年底完工並通車，是最快完工的路線。

根據台中市政府資料所示，整個台中捷運系統有綠、藍、橘，共三條路線，起始點分別為：綠色的北屯 <=> 烏日高鐵（有可能延伸到彰化）、藍色的太平 <=> 台中機場（經中部科學工業園區），以及橘色的霧峰 <=> 水湳經貿園區。三線當中，只有綠線採用高架捷運系統而非走地下的捷運。筆者認為，如果你現在就需要捷運交通，那麼，台中未必適合你；然而，如果你從「投資未來」這個角度來看，台中捷運在兩、三年之後必定通車，捷運之便，結合台中現有的有利條件，台中，確是香港人的宜居城市。

高雄市：優質的新興城市發展規劃

台灣高雄位於台灣島的西南，地處嘉南平原與屏東平原之間，面臨台灣海峽南口，是台灣第二大都市，有台灣最大的國際港口。高雄市有愛河橫穿市區，海陸交通都非常發達，又被稱為台灣的「南大門」，人口約 270 多萬。

高雄，同時擁有工商業、農業和漁業，漁業包括遠洋、近海，又有經貿中心。上世紀五十至八十年代，因為中央政府重北輕南的政策，令高雄成為化工廠的集結地，隨著政黨輪替，政策改變，高污染的化工廠逐步撤出高雄，目前致力開闢低碳產業園區，一方面以科技研發來解決二氧化碳排放量高和污染的問題，同時引進高價值的環保科技產業。

高雄市捷運系統於 2008 年營運，有橘、紅兩線，貫串東西、南北；全球唯一全線採無架空線系統的輕軌，串聯亞洲新灣區的輕軌捷運水岸段工程目前也完工；舊港口改造成亞洲新灣區，市立圖書總館和高雄展覽館兩個指標性建築皆已完工及投入營運。現任市長陳菊已兩次連任，在高雄邁向綠色執政 12 年，長久而穩定的執政期，令高雄城市發展能按既定計劃逐步落實。高雄有完善的集體運輸網絡，農 16 特區^註、美術館等重劃區的社區環境管理優質，又有美麗的海港，這點跟香

1 ┊ 2

1 高雄發展潛力大，是很多香港人的置業首選。
2 高雄捷運系統完善，居民日常交通也很方便。

港很像，又非處於地震活躍帶，少了地震災害的威脅，而最重要的是樓價親民，價錢只是台北的 1/4，所以，筆者最後選擇在高雄定居。

至於高雄的天氣，高雄市全境位於熱帶，是東亞少數擁有熱帶性氣候的地區，更是東亞地區氣候分類上唯一被歸類為熱帶氣候的大型城市。高雄夏熱冬暖，如高雄市 1 月平均溫度，就較同緯度的香港高出約攝氏 6 度。或許香港人會擔心未必習慣高雄夏天的高溫，但因高雄較乾燥，沒有香港的濕氣，加上城市沒有屏風樓，空氣流動暢通，即使溫度較高，筆者認為高雄的夏天還是比香港舒適。

註：位於高雄北面市中心，共有 29 公頃的公共設施用地及 5.2 公頃中央公園面積。「農 16 經貿都心」涵納五大機能：
　　國際貿易、社教機構、中央機關、觀光旅館、國際會議中心等，以 60 米中華路、40 米博愛路為雙主幹，緊鄰巨
　　蛋和凹子底兩座捷運站。大高雄城市的重心近年移往北高雄農 16 重劃區周邊集結。

台南市：買到百年老房子的魅力古都

台南市位於台灣西南部的嘉南平原，人口約 180 多萬，六都之中，以她的城市規模最小。台南市在明清兩朝，曾是台灣政治、經濟、文化中心，是台灣省最早興起的歷史名城。這座文化古城，自今仍是台灣其中一個教育重鎮，著名的國立成功大學就在台南，中學就有奧斯卡金像獎導演李安就讀的台南一中。

台南市老房子很多，即使上百年的老屋仍可見於台南。台南有不少老屋，民宿業者把老屋復修，盡量保存原有的歷史風貌，既可營運生利，又可保育歷史建築，這是台南人雙贏之道。除了歷史保育，台南同時重視城市的綠色生活。藝術家葉子奇提起他對台南的印象：「這是一個人與樹相處的最好的城市，一直都是。」香港不斷清拆舊建築，對城中老樹更是手起刀落，如果你是懷舊、愛惜草木的香港人，台南那種古舊、與自然融和的城市氛圍必定適合你。

台南的生活步調很慢，她不是喧鬧的城市；六都樓價，台南市最便宜，大約只是台北的 1/6 價錢，對於熱衷競逐繁華的人而言，這可以看成是墮後，但對於喜歡織夢的人而言，這正是台南寶貴之處，因為可以輕易在此地買個老房子來圓創業的夢。

台南屬於副熱帶氣候，全年溫和少雨、日照充足，也不是地震活躍帶，適合定居。唯一要考慮的，是台南城鄉差距較大，集體運輸系統未成熟。台南目前仍未有捷運，市長賴清德連任成功，市政府計劃四年內打造台南捷運系統，交通局傾向規劃高架式的單軌捷運。

市政府規劃兩條捷運路線，其中一條預計從台南市東區的平實營區，一路延伸到安平，稱作「安平線」，希望由東到西路線橫跨市區。另外一條路線，則是台南市的外環道路，從中華東路一路延伸，連接中華北路跟南路，成為環狀捷運。古都現在致力發展集體運輸網絡，沿線樓價會跟著上漲，對熱衷投資房地產的香港人，台南會有一定的吸引力。

1 ┊ 2

1 1960 年興建的赤崁樓被列入國定古蹟，至今仍完好保存。
2 台南有不少老房子，置業及創業的門檻相對較低。

台灣島很大，其實可以選擇落戶的地區不止限於六都，只是考慮到香港人習慣的生活模式，筆者覺得六都的城市生活始終較為貼近，加上又是香港人常會旅遊的地方，一旦計劃移民台灣，當然會先從六都入手。至於較為另類的人，如筆者一位香港朋友盈瑩，她就喜歡在南投縣埔里鎮過鄉郊生活。選擇南投縣埔里鎮，因為女兒入讀的小學在此。

盈瑩不到 40 歲，是虔誠佛教徒，她決定帶同 7 歲的女兒先行移民台灣，丈夫則暫時留在香港工作。她移民台灣的理由比較特別，是為了讓女兒接受台灣的小學教育，因為唯有在台灣，才可以找到推行星雲大師生命教育的學校。盈瑩表示不喜歡香港的主流教育，從前在香港，她每天就是陪女兒做功課，補充作業停不了，當女兒在香港完成小學二年級課程，盈瑩決定帶女兒赴台灣找尋適合的學習環境。

1 2 3 4

1 輔導主任覺森法師（右二）和洪榮良校長（右一）表示，近年多了來自香港、中國和新加坡等地的學生入讀，因此老師們也會特別注意群育工作。
2 盈瑩是為了讓女兒入讀推行生命教育的小學才來到南投定居。
3 環境寬敞優美的校園，草木青蔥，是唸書的好地方。
4 上課時老師與學生有良好的互動，真正做到寓教於樂。

2015 年夏天，她安排女兒入讀由星雲大師在南投縣埔里鎮創辦的佛光山均頭小學。她說喜歡女兒入讀此種佛教氣氛濃厚、重視生命教育的寄宿學校，又認為小學生在校寄宿，可以從小培養獨立自主的精神，可惜香港找不到此類小學寄宿學校，唯有求諸台灣。盈瑩指這所私立寄宿小學全年學費只是新台幣 12 萬，當中已包含食宿費，家長負擔不重。至於女兒，當她第一次看見均頭國小那接近四公頃的寬敞校園，四處綠草如茵，蜻蜓、蝴蝶是校園常客，也樂意在此偌大優美的校園寄宿、學習。如今，女兒已是均頭國小三年級學生，一星期在校寄宿五天，假期，就和媽媽在台灣四處遊玩，尤其喜歡到台灣的兒童遊樂園。

2.3
台灣會計師比香港移民公司更幫得上忙

決定移民台灣，就要啟動出發。對大多數香港人來說，採用投資移民途徑是最便捷的。

筆者是採用投資移民途徑來台。筆者和丈夫都是老師，過去的職業生涯完全不涉及營商，對投資台灣開設公司根本一竅不通，試問如何能夠親自撰寫投資計劃書呢？所以，找台灣的專業會計師，是必須的第一步。筆者建議有意移民來台的朋友，儘管你在香港已是生意人，畢竟港台兩地營商方式不同，稅制有別，還是請台灣執業會計師替你策劃，由對方把那個涉及資金新台幣 600 萬元以上的投資計劃書交予台灣經濟部投資審議委員會最為妥當。

筆者經驗之談，親自來台灣找執業會計師商談，遠比由香港的移民公司處理你的移民投資計劃來得好。為甚麼？

第一、在香港的移民公司，一般都沒有台灣的執業會計師駐場，移民公司只是把你的個案，交由台灣的執業會計師處理，然而，移民公司卻要收取幾接近港幣 80,000 元的手續費，那何不自己親自到台灣找會計師幫忙？港台機票很便宜，一定花不到 80,000 元。台灣執業會計師很易找，他們都有自己往返所屬的會計師樓，辦理開公司的手續費，只是新台幣 80,000 至 90,000 元，折合港幣約 20,000 多元，划算很多。

◀ 高雄市喬治亞聯合會計師事務所負責人張玲玲，已成功為多名港人取得居留證及入籍。

第二、親自來台跟會計師約談，會計師可以充分了解你的工作背景、學歷、專長，再為你設計合適的投資項目，而且，會計師還可以跟你當面分析投審會對香港人開設公司的看法，然後告訴你如何避重就輕。所以，筆者不認為全盤交由移民公司處理就可以，更何況公司成立之後，我們還需要處理記帳、報稅等事情，日後申請移民要提交的公司財務報表，這都需要由會計師處理，反正日後都要跟會計師保持聯絡，那不如一開始就親自跟會計師建立良好的伙伴關係。

個半月完成辦理長期居留證

會計師替你撰寫好投資計劃書，待投審會核准之後，半年之內，計劃書所註明的投資金額就要由香港匯到公司戶口，資金逾期未匯，就要重新提交投資計劃書，再等審批。由提交投資計劃書，到投審會核准，並且正式在國稅局設立公司的稅籍，大約需時一個半月。意思是說，一個半月之後，拿著公司的證明文件，就可以公司負責人身份，到移民局辦理長期居留證。

筆者和幾位移居高雄的香港人，都是聘請當地的會計師事務所負責人替我們撰寫及提交投資計劃書，當中項目，有的是投資顧問，有的是關於藝術創作及經營，也有經營有機食品貿易。所有項目，都獲投審會核准，而我們也因此取得台灣長期居留證。

第三章
正式成為在地人

3.1
從香港搬家到台灣

相信讀者都有過搬家經驗，要從灣仔搬到大埔嗎？很簡單，找家口碑好的搬屋公司先來現場估價，敲定了搬屋公司，自己就把傢俱雜物逐一裝箱，然後安然等候搬遷吉日的到來。其實移民台灣，搬運工作也很簡單，跟以往在香港搬家的情況分別不大。首先，一樣是找自己覺得合適的搬運公司，只是這類搬運公司，必須有替客戶作海外搬家的經驗，懂得處理報關的工作。隨著香港人移民台灣之風日盛，替香港客戶搬家到台灣的公司愈開愈多，上網一查就找到。

致電聯絡了移民搬運公司，公司會先派員工到客戶府上估價。三年前，筆者捨不得把那張剛買不久的天王按摩椅留在香港，得知台灣新居加裝了 220V 的插頭^註，遂把按摩椅連同其他物件一併運來高雄，搬運公司當時收取的搬運費是港幣 9,000 元。

入箱時做好分類，方便報關

港台移民搬運，一般都有最低消費額，用的是海路運輸。港台移民搬運公司會給你專用的紙箱，在香港整理入箱時，記得做好分類，例如衣服一箱、書籍一箱、

註：台灣的電壓為 110 V（60 Hz），跟香港的電壓（220 V，50 Hz）不同。台灣最常用的插頭是兩片扁腳及三腳（上方圓腳，下方兩片扁腳）的款式。後者較常用於電腦及中大型的電器。

瓷器用具一箱等等。千萬別將不同類別的東西塞進同一個紙箱內，因為移民搬運公司會特別提醒你，每一個運送到台灣的紙箱，外面都必須註明箱內所放之物，以便台灣海關人員查驗。

至於在台灣碼頭清關所需要的申報文件，為貨件辦理出關手續，都由移民搬運公司負責，只要清楚告知台灣的新居地址，搬運公司會保證點對點運送，即是由香港老家把你的貨件搬運台灣新居。移民來台的香港人，大部分都會先行置業，確定了台灣的住處，才找移民搬運公司安排搬遷。

自用貨品免稅 抵台翌日領乘機證

不少貨物入口台灣都要徵稅，如果是個人居留台灣自用，絕大部分是免稅的，你只需要在抵達台灣的第二天，親到所屬航空公司在台的辦事處領取乘機證，然後將乘機證交給移民搬運公司，由他們憑該證辦理清關，你運來的貨品就可免稅。記住，乘機證是要待你到埗台灣 24 小時之後才可到航空公司領取，用以證明你確實在台居住，而寄運的東西是自己接收，留台自用，並非寄運來台販售。所有辦理港台移民搬運的公司，他們除了在香港有辦事處，在台灣也有負責單位，貨件抵達台灣海關，公司在台灣的負責人就會聯絡你，再跟你安排日期，把貨件送到你家。

筆者一位移民台灣的朋友郭小姐，有一天接到移民搬運公司駐台辦事處打來的電話，告知她其中一箱標註「高山茶」的貨件，需要徵收關稅，當時所報的稅款約是港幣 3,000 元。郭小姐不明所以，經詳細查詢，原來事因那箱高山茶全都是未拆封的包裝茶葉，數量又很多，台灣海關懷疑茶葉是作販售用途，而且入口高山茶本來就是要徵稅，因台灣本土就有出產高山茶。如果不付稅金，那箱高山茶一是扣押海關，一是再向移民搬運公司交付運費，將那箱茶葉運返香港。最後，郭小姐決定叫移民搬運公司丟棄那箱高山茶。郭小姐跟我說，其實那箱高山茶不值錢，與其花錢付稅金，又或花錢再搬運，不如索性棄掉算了。特別記下此事，提醒讀者，如非必要，不要像郭小姐那樣把茶葉寄運來台。

廿一世紀的今天，迎向大江大海的台灣彼岸，人坐飛機，家當海運，過程確是輕鬆簡單，不再像上世紀四十年代乘太平輪遷台的先輩那樣悲情了！

3.2
等候入籍的歲月

大多數香港人都不喜歡租屋，總覺得要住在自己物業才有安全感。筆者認識不少來台定居的香港朋友，當他們決定移民台灣，人還未正式辦理長期居留證，都先買好樓了。台灣新居所裝修妥當，家當又都運抵新家，我們就開始展開移居台灣的新生活。

在這一波移民台灣浪潮，大部分香港人都以投資移民身份取得長期居留證，因為對於從前不是在台灣唸書的港人而言，這是取得台灣長期居留證最簡單便捷的途徑。拿著會計師替你辦妥的公司證明文件，你和配偶，以及未滿 20 歲的子女，都可以到台灣移民署申請辦理長期居留證。

申請長期居留　先找「擔保人」

台灣移民署收到申請書，又取得申請人的「無犯罪記錄證明書」，大約兩至三個星期，就可領取長期居留證。特別注意的地方是，填寫長期居留證申請書，其中一頁須附上台灣擔保人的身份證副本和工作證明函件；向移民署遞交申請書之日，如果那位台灣擔保人未能陪同出席，申請人則需要向移民署出示該名擔保人的身份證正本。台灣政府為怕長期居留人士一旦出現經濟困難，生計不保，台灣政府

要承擔照顧之責，遂要求申請人須有台灣人作擔保，才可取得長期居留證；而這位台灣擔保人的責任，就是向移民署作書面保證，萬一申請人在台無法維生，擔保人願意在申請人留台期間提供食宿。

以筆者為例，當時，就是請之前租屋認識的房東當擔保人。想當初決定移民台灣，筆者和丈夫就打算在高雄置業，遂先後三次來台灣高雄視察合適的單位，那段日子，筆者和丈夫是短期租住一位高雄房東太太的單位；後來，她知道我們要找擔保人，二話不説，就把身份證交給我，説可以當擔保人。房東太太主動幫忙，令我們順利取得長期居留證；我們只是租客房東的關係，房東太太卻全無戒心地當我們的擔保人，這個經歷，讓我們真正感受到甚麼叫做南台灣人的熱情、友善。

在此，跟各位計劃移民台灣的朋友説：不要擔心找不到台灣擔保人，只要敞開心懷，真誠待人，不難結識台灣朋友，而這些朋友都會樂意幫忙的。筆者更發現一個現象，就是不少台灣人聽到香港人要移民台灣，他們都會表現得很高興，因為覺得有人欣賞台灣，是光榮的事。

持長期居留證留台一年　可申請入籍

台灣移民署每次發出的長期居留證期限為一年半，到期再往移民署續證，往來台灣、香港，這個長期居留證就取替了之前的入台證。要是已留台一年，中途離境日子又

1 ⁝ 2

1 台灣對動物很友善，許多便利店及商場都容許貓狗內進。
2 台中 Homecafé 正是一家流浪貓狗的短暫收容所兼食店，讓有心人多一個領養的渠道。

不多於三十天，則在長期居留證仍有半年效期的時候，就可以直接前往移民署辦理
入籍台灣的手續，那就毋須再使用長期居留證了。

拿到長期居留證，那麼，留台坐移民監的日子，可以怎樣過？身為新移民，必須
要融入當地生活，對這個移居地要有付出，要有歸屬感。等候正式成為台灣人的
日子，當然要好好善用，做一些對地方有意義的事，也趁此機會，深入認識台灣
的人與事。

筆者取得居留證之後，機緣巧合，就加入了台北一個叫「毛臉臉」的救援流浪犬
社團，跟一班台灣狗友一起救生、護生，同時宣揚「認養代替購買」的意識。以

前在香港，一直不知台灣流浪犬問題之大，原來台灣的動物收容所往往有狗滿之患，狗狗在 12 天內無人認領就要安樂死。不少台灣人於心不忍，遂致力保護動物，四處奔波救援，盡力把行將安樂死的狗狗救出收容所，然後安置在慈善的狗園。閒時，筆者會去一些慈善狗園如：台中犬山居、台南護生園、莉丰慧館等地方幫忙，這樣的生活，既豐盛又有意義。筆者居台一年，就結交了不少台灣好友，大多數的朋友都是在救援狗狗的圈子上認識的，彼此志同道合，相交甚歡。筆者想要說的是：留台日子，千萬別百無聊賴，找自己覺得有興趣而又有意義的事去做，你就會發覺，自己的生命多添了姿采！

3.3
我是台灣人

港澳人士居台滿一年，中途離開不超過 30 天；又或居台滿兩年，每年離開不超過 90 天，就可以申請入籍台灣。長期居留證有個人出入境紀錄，移民署人員可在電腦即時查看；如果你是投資移民類別，當住滿日子，就可持長期居留證、香港特區護照和香港身份證，連同公司一年的財務報表，直接前往移民署辦理入籍申請。入籍申請毋須擔保人，遞交申請書後，約兩至三星期就會收到通知函，持通知函到所屬市政府地政局地政事務所領取身份證即可。

台灣是行戶籍制，戶籍根據居住地址而設定，例如筆者家住高雄市前鎮區，戶籍登記就在前鎮區，領取身份證，就要到前鎮區的地政局地政事務。取得身份證後，當天就可持身份證住移民署申請辦理中華民國護照。四個工作天，就可領取中華民國護照。

台灣是容許雙重國籍的，取得中華民國護照之後，香港人仍可保留特區護照。對於不時外遊的香港人而言，實在方便。

正式成為台灣人之後，每四年一次的立委、市長和總統選舉，都有我們的份了！真普選得來不易，既然成為台灣人，首要事情，當然是投票啦！

第四章

六都置業之提案

4.1
買台灣樓，首看四大環境因素

很多人覺得置業是安居的必要條件。香港人尤其熱衷房地產投資，打算移民台灣的香港人，自然把台灣房地產市場定為首要關注的項目。

台灣因為地大，差價比起香港相對會大很多。以台北和高雄為例，即使樓齡相若又同屬捷運沿線的物業，台北物業的每坪價格往往是高雄的四倍或以上。當然，台灣房地產市場跟香港也有相類之處：

一、沙士後十年樓價持續攀升，政府俱要出招

台灣和香港一樣，由 2004 年至 2014 年樓價都是持續攀升的，當中以台北、新北的房地產市場價格走勢最像香港，從 SARS 以來十年間，房價分別漲 186% 及 151%，升幅在全台名列前茅。因為樓價持續攀升，港台兩地無殼蝸牛，都有「上車無期」、「置業無望」之嘆，香港人有抨擊「地產霸權」的聲音，台灣人也有祭出「居住正義」的口號。

兩地群眾都認為樓價遠遠超過打工一族所能負擔，認為地產發展商牟取暴利，而「炒家」（台灣叫「投資客」）就是推高樓價的幫兇，遂有要求政府壓抑樓價的聲音。於是，兩地政府都先後推出多項對付炒賣房地產的措施，香港叫「辣招」、

台灣叫「打房政策」，內容都有相近之處，例如個人持有超過一個物業，第二個物業就開始要徵收重稅；買入樓宇之後，未過指定年限就出售，同樣要徵收重稅。

為了回應「居住正義」的訴求，台灣政府更於 2016 年 1 月 1 日正式通過「房地合一稅」，新稅制下，如非自住單位，日後賣樓所得利潤，課稅比率將大大提高。[註]兩地政府都推出打房辣招，現時進入房地產市場的都以自住客為主，炒賣房地產的人已較難在市場獲利了。

二、2015 年年中起，房地產市場現低氣壓

台灣跟香港一樣，股市都在 2015 年第三季開始受到大陸股市重挫影響，股市急瀉，房地產市場必受拖累。由於台北樓價是全台最高，經濟風高浪急之際，不少台灣人都覺得台北樓價有下調危機，除了自住，投資者也不敢貿然進場。這點，台北房地產情況就跟香港十分相似。

三、沿著捷運走，就是王道

城市命脈，就在鐵路幹線。香港鐵路沿線物業，都是港人至愛，台灣也不例外。台北、新北和高雄都有完善捷運系統，在捷運加持之下，沿線物業都有保值力，這跟香港的情況一樣。港台兩地的地產發展商，同樣盯緊鐵路沿線地皮；打算在台灣置業的朋友，沿著城市捷運路線走就是王道了。

註：實價登錄制度清楚記錄樓宇的成交價，未來出售時，以賣出價格扣除買進價格，計算出「真正」的資本利得。房地合一稅，指未來持有一年以下出售，資本利得課稅率 45%；持有一年以上兩年以下，資本利得課稅率 35%；持有兩年以上十年以下，資本利得課稅率為 20%；持有超過十年，資本利得課稅率 15%。至於自用住宅交易所得優惠條款則採交易獲利計算，只要獲利在 400 萬元以下，即可享有免稅，扣除免稅額之後的部分，則按照 10% 稅率課稅。

▲ 高雄的捷運網絡發展迅速，因而成為港人的置業熱點。

四、名校學區，家長追捧

為了子女學業不惜「孟母三遷」，華人家長這種追捧名校的心態，就令學區和樓價直接掛鈎了。香港和台灣的教育局都採用「學區制度」，中小學學童由教育行政機關按學區分發入學。分派學位，取決於學童報住地址的所在學區，正因如此，名校所在的區域，樓價必然堅挺。

香港名校主要集中在港島中西區、灣仔，九龍的九龍城、九龍塘以及土瓜灣、油麻地一帶。由於「統一派位」，很多家長會選擇搬到這些區域居住，或者租住在附近，以便為子女獲得申請名校的資格。名校網內好學校集中，這些地區屋苑的成交價格和租金相對較高；台灣情況也一樣以台北大安區為例，學區包括有仁愛國小、仁愛國中、金華國中、新生國小、師大附中國中部等名校（台灣人稱為明星學校），樓價自然高企。

4.2
六都房地產市場簡介

台灣地大，各區房地產價格差別亦大。此外，台灣建築面積以「坪」計算，每坪相當於 35 呎。有意在台灣置業的香港人必須了解。

現在就分述六都房地產市場：

台北市

台北是全台灣樓價最貴的地方，她就恍如香港的港島區，坐落台北的豪宅，自然是全台灣豪宅中的豪宅了。台北的大安區、信義區、中正區、士林區天母，是不少豪宅名廈坐落的地段，當中又以敦化南北路，仁愛路的樓價最高。中正區仁愛路二段的仁愛鴻禧花園、大安區仁愛路三段的帝寶，都是台北知名豪宅，當中帝寶就因不少台灣知名藝人聚居而為港人熟悉。

以大安區仁愛路帝寶為例，根據 2014 年成交個案顯示，每坪約為新台幣 218 萬，折合約港幣 54.5 萬，以每坪 35 呎計，每呎約港幣 1.56 萬。這個帝寶的住宅建築面積 205.71 為坪，約 7,199.85 呎，總樓價是新台幣 4.4780 億，折合港幣為 1.1 億。

「帝寶」成交行情

成交年月	103 年 3 月（2014 年 3 月）
類型	大樓
地址	大安區仁愛路三段 31 至 60 號
總價	新台幣 44,780 萬（含車位價）
建築坪坪數	205.71 坪（含車位坪數）
建坪單價	新台幣 217.7 萬（含車位）
地坪	30.52 坪
樓層	12 樓（全棟 23 層）
屋齡	8.4 年
格局	4 房（室）、2 廳、3 洗手間

讀者可能認為，豪宅並非尋常百姓安居之所，帝寶此類名廈，並非自己「那杯茶」。其實舉帝寶個案為例，只是方便讀者作兩地樓價比較。台北仁愛帝寶，類似香港山頂的豪宅大廈，看看以下節錄自香港《信報》2014 年的地產新聞：

「山頂道 8 號 OASIS 欣宜居 A1 座高層 A 及 B 室相連戶，其中 A 室建築面積 2,980 方呎，實用面積 2,061 方呎；B 室建築面積 3,194 方呎，實用面積 2,203 方呎，兩個單位總建築面積 6,174 方呎；實用面積 4,264 方呎。單位座向北，推全海景景觀，由原兩個單位共 8 間房，改為 5 房 4 套房間隔。

中原地產表示，單位豪華裝修及連傢俱，價值達 1,000 萬元，連兩個車位，叫價約 2.8 億元，建築呎價 45,351 元，實用面積 65,666 元。」

讀者可以按按計算機，這個香港山頂名廈，建築呎價是港幣 45,351 元，即每坪要港幣 158.7 萬；這樣一比，就知台北名廈呎價還是比香港便宜很多。

民宅呎價較香港低兩三倍

其他一般民宅，即使在最貴的台北，呎價還是比香港至少便宜兩至三倍。台北市的大安區、信義區、中正區等，除了豪宅，也可以找到較便宜的一般民宅，當然，樓齡會比較高，大廈外觀會較殘舊；又或可能是坐落巷弄的老式公寓，即香港人所謂的唐樓。這類與豪宅同區的舊房子，每坪價格約新台幣 40 至 70 萬元。台北區分，樓價差異很大，相對之前提及的大安、信義和中正區，萬華區就很便宜，新建大廈也是新台幣 38 至 44 萬元。

1 台北忠孝東路同樣是高價地段。

2 台北大安區的豪宅帝寶，知名台灣主持人小 s 也是其住戶。

3 儘管台北是繁華鬧市，但樹木保育仍然備受重視。

香港人最明白樓價絕對是一分錢一分貨，是否明星學區、附近有沒有大型公園和知名百貨商廈、捷運站距離多遠、區內的街道規劃是否整齊有序，只要看看各區樓價的高低就告知了答案；所以，大安、信義、中正和士林區天母地價高昂仍受建築商青睞，當然不無道理。如果要進駐台北的好地區，樓齡十年左右的電梯大廈，每坪平均約新台幣 80 至 100 萬；由於台灣樓宇面積一般比香港大，一般建築坪數都有 25 至 30 坪，所以總樓價要新台幣 2,000 萬元以上，折合港幣約 500 萬。

1
- - -
2
- - -
3

1 台北市中心呎價雖貴但普遍還是比香港便宜兩至三倍。
2 大安區內尚有不少興建中的大廈。
3 大安森林公園是影響周邊樓價的因素之一。

1 ┊ 2

1 新北市與台北市緊密相連，上車門檻卻再低一截。
2 新北板橋區豪宅林立，外觀亮麗，價錢比台北市便宜近 1/3。

新北市

新北市人口有 390 多萬，這個只佔台灣本島總面積 6% 的直轄市，人口卻踞全台之冠，新北房地產本身就有自住的內需市場，最重要的是，跟台北樓價相比，新北市比台北房價便宜三至四成。對不少台北的上車客（台灣稱為「首購族」）而言，在台北市購屋難如登天，於是這個鄰近台北，又跟台北捷運線相連的新北市，就成為不少台北首購族的至愛。

人口、交通是房地產市場活躍與否的兩大關鍵項目。發達的捷運線令新北市跟台北市往返快捷方便，置業的入場門檻又比台北低很多，於是，移入新北的人口愈來愈多。根據市政府統計，各區的人口分佈如下：

總人口 50 萬人以上：板橋區

總人口 30 萬人至 50 萬人：三重區、中和區、新莊區

總人口 20 萬人至 30 萬人：永和區、新店區、土城區

由此，我們知道板橋區是新北市人口最多的區分，人口因素令新北市的房地產有內需支撐，當中以板橋區最熱門，其次是三重區、中和區、新莊區、永和區、新店區和土城區。以上新北地區，地產發展商近十年都不斷推出新樓盤，房價在十年間持續上揚。

板橋區的新板特區是新北市的地王，就像台北的信義區般是國家重點建設的計劃區，又稱「新站特區」。新北市政府各局處及中央政府轄下的金管會、智慧財產法院、高鐵局等亦進駐於新板特區，除了是行政、金融中心，新板特區更是全台第一個成形的「三鐵一客運」共構（高鐵、台鐵、捷運、客運公車）的車站，又有四座東西向橋樑：華江橋、萬板橋、華翠橋、光復橋直通台北市，造就了這區的交通優勢。此外，2,000 坪音樂主題公園與 Mega City、遠東購物中心等大型商場加持，令新板特區成為新北市豪宅的集中地。

◀ 不少地產發展商在新莊副都心興建住宅大廈。

看看以下 2014 年成交個案：

新板特區「東方富域」成交行情

成交年月	103 年 10 月（2014 年 10 月）
類型	大樓
地址	板橋區縣民大道二段 61 至 90 號
總價	新台幣 10,467 萬（含車位價 800 萬）
建築物坪數	152.6 坪（含車位 33.26 坪）
建坪單價	新台幣 81 萬（已扣除車位）
地坪	9.46 坪
樓層	24 樓（全棟 30 層）
屋齡	3.9 年
格局	4 房（室）、2 廳、3 洗手間

港人愛淡水　樓價升幅緩

新板特區豪宅，以建築面積計，每坪平均價格約新台幣 80 至 100 萬元不等，對比台北豪宅，價格便宜約四成，折合港幣，新北豪宅每坪約 20 至 25 萬元，以一坪 35 呎計算，即建築呎價為港幣 5,700 至 7,000 多元。不要忘記，這樣的呎價已是新北市頂級豪宅的價位了。上述東方富域豪宅個案，成交價為新台幣 1.0467 億元，折合港幣約 2,600 萬，很難想像拿著港幣 2,000 多萬就可進駐頂級豪宅吧！

如果選擇三重、中和、新莊、永和、土城等區，樓價就更親民，每坪由新台幣 25 至 60 萬不等，視乎樓齡和捷運站步程距離而定。香港大型地產代理公司近年都有在香港舉辦新北市新樓盤展銷會，其中以新北淡水區為主，因為掌握香港人

喜歡有「水」的景觀，加上淡水河又為香港人熟悉之故。不過，新北的淡水、三峽、樹林區，樓價漲幅最緩，此點，香港人要留意。

桃園市

如果覺得新北市樓價還是超出預算，但又不想遠離台北市，那麼，注意力可放在桃園市。進場投資桃園市房地產的人，買的是桃園市未來的基建，認為現時基建未落成，正正是入場買樓的好時機。「一旦捷運、基建完成，桃園市與新北、台北結合成一天往返的生活圈，樓價升幅必定驚人！」這就是桃園市房地產投資者的信念。

航空城落實無期　樓價跌三成

2008 年，馬英九政府喊出「愛台十二建設」，其中的「桃園航空城」[註]就是重要旗艦計劃，再加上捷運網絡的願景，在 2009 至 2014 年間，就吸引了不少炒賣未來發展概念的投資客進入桃園市，連桃園的農地價格也拾級而上。到了 2014 年年尾，民進黨鄭文燦當選市長，隨著地方行政首長由藍換了綠，推動航空城的意願就遠不及過去藍營執政時期，這個全台最大的都市計劃案就開始出現泡沫現象，航空城附近的樓價，由原來每坪貼近新台幣 25 萬元，跌回 17 至 19 萬元左右；航空城落實無期，桃園市都會區的樓價，如今就靠捷運網絡的願景支撐。

前文提過，桃園區與中壢區是桃園市的兩大都會區，兩區的樓價自然是市內最高，不過，比起台北市、新北市，樓價還是遠遠落後。桃園區中正藝文特區是北桃園房地產的龍頭，區域涵蓋中正路、大興西路、南平路、同安街，街廓整齊，擁有三條交流道，未來有捷運綠線規劃，無論是生活機能、重大建設、學區公園，皆屬桃園最完整的生活圈，是豪宅集中地，跟台北信義區相似。

註：愛台十二建設於 2008 年總統大選競選期間，由馬英九提出，其中一項是桃園航空城。桃園航空城的城市設計是以機場為中心，逐次向外劃設產業專用區、金融商務中心，以及支援性住宅與商業區。

1 ┆ 2

1 中正藝文特區是北桃園的精華地段。
2 中悅一品於 2015 年樓價大幅回落，相信與航空城計劃暫緩有關。

中悅一品是桃園區中正藝文特區指標豪宅，最近成交個案為每坪新台幣 36.9 萬，折合港幣約 92,000 元，以一坪 35 呎計算，即建築呎價為港幣 2,600 多元，不過由於建築面積有 222 坪，涉及金額約要二千萬港元。桃園區豪宅 30 多萬一坪，這是 2015 年的價錢，跟三年前比較，至少回落了三成。

「中悅一品」成交行情

成交年月	104 年 7 月（2015 年 7 月）
類型	大樓
地址	桃園區中正路 1111 至 1140 號
總價	新台幣 8,200 萬（含車位價）
建築物坪數	222.02 坪（含車位坪數）
建坪單價	新台幣 36.9 萬（含車位）
地坪	18.12 坪
樓層	6 樓（全棟 38 層）
屋齡	2.7 年
格局	4 房（室）、2 廳、6 洗手間

再看看中壢區的海華特區,這是南桃園的精華地段。有別於中壢火車站商圈一帶的老舊城區,海華特區在 20 多年前才規劃,因此區內街廓整齊。海華特區的環北路、中豐北路口設有環北站,是未來近桃園捷運藍線 A21 站,暫定 2018 年通車,距高鐵站車程只需 15 分鐘,交通優勢加上崇光百貨(SOGO)、Costco(好市多)大型超市、影城、誠品書店等商業機能,成為中壢的高級住宅區,和北桃園的中正藝文特區,並列大桃園南北兩大房地產指標區域,兩區的新樓樓價相若。

海華帝國是海特華區指標豪宅,2014 年 12 月的成交個案為每坪新台幣 38.4 萬,折合約港幣 96,000 元,以一坪 35 呎計算,即建築呎價為港幣 2,700 多元,同樣是比三年前回落了至少三成。

「海華帝國」成交行情

成交年月	103 年 12 月(2014 年 12 月)
類型	大樓
地址	中壢區六和路 31 至 60 號
總價	新台幣 3,500 萬(含車位價)
建築物坪數	91.19 坪(含車位坪數)
建坪單價	新台幣 38.4 萬(含車位)
地坪	8.28 坪
樓別	19~19/22
屋齡	7.6 年
格局	4 房(室)、2 廳、3 洗手間

同是桃園區或中壢區，只要物業不是坐落中正藝文特區或海華特區，價格就極之親民了。例如以下 2015 年 10 月成交個案，14 年樓齡，11 樓頂層單位，建築坪數為 44.7 坪，即建築面積約 1,600 呎，連車位成交價為新台幣 660 萬，折合約港幣 165 萬。用這個價錢買這個面積，香港人一定覺得不可思議。

中壢區新興路某大廈單位的成交行情

成交年月	104 年 8 月（2015 年 8 月）
類型	大樓
地址	中壢區新興路 181 至 210 號
總價	新台幣 600 萬
建築物坪數	32.54 坪（含車位坪數）
建坪單價	新台幣 18.4 萬
地坪	2.41 坪
樓層	10 樓（全棟 11 層）
屋齡	20.5 年
格局	3 房（室）、1 廳、1 洗手間

台中市

台灣的地價，最高當然是台北，然後是新北，說到第三高位，就是台中市了。台中就業機會不錯，而且捷運系統的落實始終比桃園來得肯定，樓價又比台北便宜一半，加上氣候宜人，故成為國內人移居的熱點。台中距離台北搭乘高鐵僅 40 多分鐘，預算新台幣三四千萬已能在台中精華地段購買豪宅，同樣價錢，只可在

台北購買樓齡超過 30 年的老房子，因此不少台北退休人士，賣掉台北老房子就搬到台中來，享受比從前更大、更新、更舒適的家居空間。

台北、新北近五年來的樓價升幅驚人，中央政府用房地合一稅來加重投資客的炒賣成本，此種打房政策主要是針對雙北房地產市場；在利率仍低的現實環境下，資金轉往中南部移動，令台中市、高雄市房地產市場仍有不俗的表現。

五成買家來自外地

整個台中房地產市場價格，透過台灣大道的連結，草悟道生活軸帶與七期重劃區相互影響，牽動彼此的房價往上攀升。根據台中市不動產開發公會副理事長林正昇在 2015 年的統計，台中市購屋客約有五成來自外地，除台北客外，來自彰化、南投的客源不少，其中，台北客偏愛知名度高的台灣大道、七期周邊；而中部本地購屋客特別青睞草悟道周邊。

台中市中心如位在西屯區及南屯區的七期重劃區、西區的草悟道，就是全台中知名的豪宅聚落點，不少大地產發展商在此興建指標樓盤。台中七期重劃區是新市政中心，內有不少建設備受矚目，包括秋紅谷公園、綠園道，以及剛落成不久的台中國家歌劇院。台中歌劇院特別聘請日本伊東豐雄設計，以樹屋、洞窟為概念設計，由於施工複雜，被稱為全球最難蓋的房子，落成後，特殊的建築外觀，立即成為區域新觀光景點。七期重劃區創造優質生活環境，亦成為台中市最精華區域，類似台北的信義計劃區，加上地產建築商規劃興建頂級豪宅，目前新樓盤開出每坪新台幣 60 至 70 萬的價位，是台中房地產市場一個銷售熱區。

1 ┆ 2

1 台中國家歌劇院是七期重劃區的焦點項目。

2 台中七期重劃區與草悟道的樓盤輪流放售，形成良性競爭。

「寶輝一品花園」成交行情

成交年月	104 年 6 月（2015 年 6 月）
類型	大樓
地址	西屯區市政北六路 1 至 30 號
總價	新台幣 11,124 萬（含車位價）
建築物坪數	195.16 坪（含車位坪數）
建坪單價	新台幣 57 萬（含車位）
地坪	11.75 坪
樓層	16 樓（全棟 32 層）
屋齡	5.8 年
格局	4 房（室）、2 廳、4 洗手間

寶輝一品花園，是台中七期重劃區指標豪宅，據 2015 年 6 月成交記錄，每坪新台幣 57 萬，折合港幣約 14.3 萬。以一坪 35 呎計算，即建築呎價約為港幣 4,100 元。上述這個接近 200 坪建築面積的豪宅，折合港幣約 2,800 萬元。

由於七期重劃區豪宅房價居高不下，台中西區的草悟道一帶憑藉客觀條件優勢，吸引不少人進場買樓，成為台中第二個豪宅聚落熱點。台中西區曾是市政府所在地，其後，台中市政府遷至七期，但西區過去奠定的良好政經基礎仍存，其中，西區草悟道是 2012 年 3 月完工的長形綠帶，北起科博館、南至國立台灣美術館，正式啟用，結合美術館以南至柳川東路的美術館經國綠園道，成為台中市最著名的綠帶。國立美術館與經國綠園道，向來是台中本地有錢人最愛居住的地段，台中市政府擲下 9.2 億元，複製日本表參道經驗，用兩年時間打造從國立科學博物館、國美館延伸到柳川、長達 3,000 公尺的綠園道，那就是「草悟道」計劃。受草悟道綠園道帶動，西區近兩年房價漲幅約二成，樓價直逼七期重劃區。

看看以下《台灣經濟日報》2015 年 7 月 21 日的地產報道：

「最新實價揭露訊息指出，拜草悟道與國美館商圈發展，台中市西區草悟道與國美館特區，由市民廣場第一排、成屋約六年的鉅虹『最上景』拔得頭籌，以 145 坪、總價 6,800 萬元，相當於每坪 47 萬元刷新成交紀錄。」

每坪新台幣 47 萬，折合港幣約 11.7 萬，以每坪 35 呎計算，建築呎價約為港幣 3,300 元。上述這個建築面積 145 坪的豪宅，折合港幣約 1,700 萬。

西區也有樓價實惠、親民的選擇，如果不嫌樓齡大了一點，又非在草悟道附近，樓價每坪只需新台幣 21.1 萬左右，折合港幣約五萬元，以每坪 35 呎計算，建築呎價約為港幣 1,400 元。以下這個西區住宅單位連車位，樓齡 17 年，建築面積約 1,425 呎，總價只是約港幣 215 萬。

1 : 2

1 草悟道周邊環境優美，令區內樓價攀升至貼近
   台中七期。
2 勤美誠品綠園道是台中西區的地標。

西區精誠十街某大廈單位的成交行情

成交年月	104 年 4 月（2015 年 4 月）
類型	大樓
地址	西區精誠十街 1 至 30 號
總價	新台幣 860 萬（含車位）
建築物坪數	44.70 坪（含車位坪數）
建坪單價	21.1 萬
地坪	6.03 坪
樓層	7 樓（全棟 12 層）
屋齡	17.4 年
格局	3 房（室）、2 廳、2 洗手間

高雄市

上世紀在國民黨執政的五十至九十年代，中央政策一直重北輕南，南部的高雄長期被定位為重工業、化工業的生產基地，地方環保、城市建設等方面，均落後於台北。但隨著時代演進，政黨輪替，高雄憑著先天地理環境的優勢，有了新的發展契機。整個高雄近 20 年的發展有兩個很重要的轉捩點，一個是謝長廷市長時代的「整治愛河工程」，令愛河不再是臭河；另一個是陳菊市長任內的三千億新台幣投入公共建設。今天的高雄，有完善的城市捷運網絡，沿海港而建的水岸輕軌也投入服務，加上南高雄亞洲新灣區、北高雄重劃區「農16」和美術館的城市規劃，令高雄的房地產市場成為南台灣的投資熱點。

豪宅僅台北四分之一價錢

高雄的建設令城市煥然一新，跟 20 年前相比，不可同日而語。不少地產發展商看準高雄房地產的發展潛力，早在十多年前就積極買地、儲地，在南高雄亞洲新灣區、北高雄重劃區農 16 和美術館等區域，已成為高雄豪宅集中地，隨處是新建的亮麗新廈，而最吸引的是，同樣質素的豪宅，高雄的價錢，只是台北的四分之一。高雄房地產市場，不少買家是台北客，吸引力是樓宇的價錢和質素；以新台幣二千萬為例，同樣價錢，在台北市中心只能買得起樓齡超過 30 年、建築面積不超過 30 坪的老舊唐樓（台灣叫公寓），而於高雄，就可以在市區豪宅地段，買入樓齡五年左右的四房大單位。近兩三年，不少香港客也進駐高雄房地產市場，因為發覺在高雄置業，這樣的樓價，再加上擁有永久地權的優點，遠勝在大陸置業。

農 16 掀起漲價潮

農 16 特區、美術館特區以及亞洲新灣區是高雄房市熱區。農 16 特區位於北高雄，於 1999 年開始重劃開發，是高雄市中心相當新的重劃區。這一塊面積 66 公頃的土地，總共有 29 公頃的公共設施用地，有 5.2 公頃為凹仔底中央公園，緊鄰 44 期重劃區美術館園區。高雄市政府是要將農 16 特區打造成為高雄的「信義計劃區」，加上捷運紅線凹仔底站的優勢，令此區成為北高雄的貴價地段。

由於農 16 特區鄰近美術館特區與漢神巨蛋商圈，形成北高雄房市的金三角，這金三角區段不僅帶動北高雄經濟成長，也掀起一波波房地產熱潮，不管是房價或是地價都是以農 16 特區為領頭羊率先上漲。現在的價格行情都比前三年高出許多，現階段的農 16 特區，生活機能已經相當成熟，每坪平均價約新台幣 30 萬。

1 ┊ 2 ┊ 3

1 農16重劃區成為了台中置業的熱門之選。
2 農16豪宅——國王城堡成交價屢創新高。
3 美術館特區由於地利令地價及房價高企不下。

「國王城堡」成交行情

成交年月	104年2月（2015年2月）
類型	大樓
地址	鼓山區龍德路271至300號
總價	新台幣3,900萬（含車位價400萬）
建築物坪數	144.11坪（含車位坪數25.14坪）
建坪單價	29.4萬（已扣除車位）
地坪	7.35坪
樓層	30樓（全棟36層）
屋齡	0.7年
格局	4房（室）、2廳、3洗手間

上述農 16 豪宅成交個案，每坪新台幣 29.4 萬，折合港幣約 7.35 萬，以每坪 35 呎計算，建築呎價約為港幣 2,100 元。上述這個建築面積 144.11 坪的豪宅，折合港幣約一千萬。

至於第 44 期重劃區美術館園區，東鄰漢神巨蛋商圈及農 16，南隔愛河，地理位置優越，因擁有壽山、愛河雙景觀及優質居住環境，跟農 16，同是北高雄豪宅地段。

「人文首璽」成交行情

成交年月	104 年 2 月（2015 年 2 月）
類型	大樓
地址	鼓山區明誠四路 211 至 240 號
總價	新台幣 3,998 萬（含車位價）
建築扚坪數	103.15 坪（含車位坪數）
建坪單價	新台幣 38.8 萬（含車位）
地坪	8.68 坪
樓層	11 樓（全棟 24）
屋齡	7.8 年
格局	3 房（室）、2 廳、2 洗手間

上述美術館豪宅成交個案，每坪新台幣 38.8 萬，折合港幣約 9.7 萬，以每坪 35 呎計算，建築呎價為港幣 2,800 元。上述這個建築面積 103.15 坪的豪宅，折合港幣約一千萬。

至於南高雄方面，亮點就在「亞洲新灣區」。港口，是高雄的發展命脈，沿海港建設世貿會展中心、國際旅運中心、海洋文化及流行音樂中心、市立圖書館總館等四座國際級地標，已在 2013 年完工。海港地區脫胎換骨，水岸輕軌和捷運網絡又已完備，再配合海港、城市景觀的優勢，各大地產發展商紛紛在「亞洲新灣區」興建豪宅名廈，樓價也屢創新高。

世貿高雄展覽館所屬的高雄亞洲新灣區，則可望由國揚建設的「國硯」豪宅案，保持實價登錄的高雄最高房價，每坪成交價從新台幣 55.9 萬到 68.7 萬不等。

「國硯」成交行情

成交年月	104 年 5 月（2015 年 5 月）
類型	大樓
地址	苓雅區新田路 361 至 390 號
總價	新台幣 5,754 萬（含車位）
建築物坪數	121.40 坪（含車位 11.58 坪）
建坪單價	新台幣 47.4 萬
地坪	6.35 坪
樓層	34 樓（全棟 41 層）
屋齡	1.7 年
格局	4 房（室）、2 廳、2 洗手間

上述亞洲新灣區指標豪宅「國硯」，每坪新台幣 47.4 萬，折合港幣 11.8. 萬，以每坪 35 呎計算，建築呎價約為港幣 3,400 元。上述這個建築面積 121.4 坪的豪宅，折合港幣約 1,400 萬。

至於高雄市中心一般住宅樓宇，樓齡在 15 至 20 年，步程十分鐘內可達捷運站，可以參考以下成交個案：

左營區文奇路某大廈單位的成交行情

成交年月	104 年 7 月（2015 年 7 月）
類型	華廈
地址	左營區文奇路 181 至 210 號
總價	新台幣 730 萬（含車位）
建築坪坪數	38.04 坪（含車位坪數）
建坪單價	新台幣 19.2 萬
地坪	4.44 坪
樓層	1 樓（全棟 9 層）
屋齡	17 年
格局	4 房（室）、2 廳、2 洗手間

▲ 南高雄的重點發展區──亞洲新灣區。

上述物業在左營區，步行八分鐘可達捷運站，樓齡 17 年，附近有巨蛋漢神百貨公司。物業每坪新台幣 19.2 萬，折合約港幣 4.8 萬，以每坪 35 呎計算，建築面積約 1,331 呎，建築呎價約為港幣 1,400 元。上述這個建築面積38.04 坪的豪宅，折合港幣約 182.5 萬。這個樓價親民實惠，對香港人而言，價錢有如時光倒流 30 年。

台南市

相較於以上五都，台南樓價最便宜。台南人口向其他直轄市外移的情況明顯，地廣人稀加上民風較為保守，因此台南房地產市場一向少有所謂的「投資客」進駐。在這種自住客佔九成以上的市場，樓價發展相對平穩，不會因被過度炒賣而出現泡沫化的現象，風險相對較小。

```
1
- - -    3
2
```

1 東區有「夢時代」加持，樓價堅挺。
2 不少名牌精品店進駐的台南夢時代。
3 台南東區名廈——席悦。

香港人如要在台南置業，須了解台南房市以透天住宅（類似香港丁屋，全棟約二至四層）為主流；至於大廈住宅，尤其是所謂的豪宅高廈，是最近幾年才在房地產市場興起的商品。台南市沒捷運，公車班次也不算密集，習慣依賴集體運輸工具的香港人也要留意。目前台南以東區房均價最高，區內有成功大學學區、文化中心，居住的族群以軍人、公務員和教師為主，生活機能相對完整，房價表現一直是台南最亮眼的區域。

東區：最保值地段

東區現有土地僅零星分佈並且面積小，不適合作整體規劃，所以，東區至今未能出現如新北板橋、台中七期或高雄農 16 等地的重劃區。至於東區仍有吸引本土買家的因素，在於東區有夢時代大型購物中心、文化中心、萬坪巴克禮紀念公園、林森路林蔭大道等公共建設；學區有復興國小、後甲國中、復興國中、崇明國中等明星學校，加上與成功大學的地緣關係，有不少成大教職員居住東區；醫療方面有市立醫院與成大醫院，因此房價保值力較高。東區是目前台南地價最高地段，加上建地少，形成透天別墅住宅的市場是求過於供。東區目前新建一手大廈樓盤，開價新台幣每坪 25 萬到 32 萬之間，二手大廈樓盤普遍開價新台幣 13 萬到 17 萬，視乎樓齡和大廈質素而定。至於透天厝部分，目前二手透天每戶要價一般超過新台幣 800 萬元，而全新透天車庫別墅，如果附設電梯，更是飆上 3,000 萬元以上。

以下是東區一個知名豪宅「席悅」的成交個案：

「席悅」成交行情

成交年月	103 年 1 月（2014 年 1 月）
類型	大樓
地址	東區凱旋路 91 至 120 號
總價	新台幣 4,463 萬（含車位價）
建築物坪數	159.39 坪（含車位坪數）
建坪單價	新台幣 28 萬（含車位）
地坪	21.16 坪
樓層	5 樓（全棟 14 層）
屋齡	4.8 年
格局	4 房（室）、2 廳、3 洗手間

物業每坪新台幣 28 萬，折合約港幣七萬，以每坪 35 呎計算，建築面積約 5,880 呎，建築呎價約為港幣 2,000 元。上述這個建築面積接近 160 坪的豪宅，折合港幣約 1,100 萬。香港讀者要注意的是，席悅已是台南市東區的頂級豪宅名廈，要是在香港拿著 1,100 萬買樓，你絕不會認為能買入頂級豪宅吧！

永康區：台南新興活躍區域

除了東區，永康區就是台南房地產市場另一個亮點所在。永康區有鄰近東區之利，是大台南人口成長最快的區域，1983 年時，原屬於台南縣的永康人口僅八萬多人，至今人口已突破 23 萬，是大台南這幾年來人口增幅最快的一區；加上市政府在永康區推出多項都市更新計劃，令永康成為台南房地產市場最活絡的新興區，主要住宅新興區域聚焦在東橋里的「大橋重劃區」範圍。當然，永康樓價與東區相比，仍是相對便宜。目前永康區大廈二手樓每坪行情，約新台幣 8 萬至 15 萬元，比東區仍是便宜三、四成，至於透天厝價錢，二手透天住家屋齡多在 20 年以上，總價落在新台幣 500 至 1,000 萬不等，而透天新成屋，現今一般都要過新台幣 1,000 萬。

以下來自《中國時報》2015 年 9 月 26 日的地產新聞，可讓讀者了解永康區透天新成屋的行情：

「郡豐建設推出『向日葵 5』建案，限量 20 戶三樓半的透天住宅，位於永大路商圈，從社區到永康火車站只要一分鐘，車行三分鐘上永康交流道，生活與便利唾手可得，附近還有近三千坪公園，地坪 25 至 33 坪，建坪 66 至 76.7 坪，總價 1,148 至 1,398 萬元。」

上述台南永康的整棟三層的透天住宅，建築面積由 2,300 至 2,700 呎，售價折合港幣約 287 萬至 349 萬。

4.3
高回報的十個置業策略

在台灣置業，先不管在哪一都，首要是理解台灣本地人購買物業的關注點，別只著眼香港人的喜好，因為，你今天買入的物業，他日若在市場放售，接貨的，很大機會是台灣本地人。以下各項是置業須留意的：

一、車位

如果在台灣購買大廈單位，若經濟條件許可，切記要購買連車位的物業。香港地小，港鐵網絡又完備，加上車位價格極貴，當香港人置業的時候，車位並非必要考慮；跟香港不同，台灣地大，台灣人往往要駕車穿梭各縣市，而且六都之中，除了台北、新北和高雄，其餘三都均未有捷運，自駕是有必要。加上相較香港的車位售價，台灣車位的價格仍是合理。在台灣，連車位的三房以上單位，在二手市場放售較易。

若是購買透天住宅，要留意門前路面寬度，寬度不足以停泊私家車輛的透天住宅，欠保值力。

二、學區

跟香港人一樣，台灣人十分重視學區，明星學校的所在處，附近樓價保值力強。即使移民台灣的朋友，本身孩子已長大成人，不用再為孩子找學校，但要記住：單位有可能會放售，台灣家長瘋狂追捧明星學校的心理，就是你單位保值的關鍵。

三、重劃區

台灣六都的重劃區，都是可以考慮置業的好地區。重劃區是由市政府主動規劃，將原本無開發或雜亂無章之地重新丈量、重新做路、將道路加寬、格局變正所以道路大都為井字型。

重劃前，可能為農地、住宅用地或工業用地；經重劃後，必定預留公園用地，道路加寬後具經濟效益。重劃地區，公共設施用地，如學校、醫院、圖書館、歌劇院、美術館、公園等等，都佈置有序；至於建築用地，就由地產商有系統地興建住宅及商業大樓。由於有良好規劃，重劃區都有完善交通配套，生活環境明顯較老區優勝，樓價除了保值，還有升值潛力。新北板橋特區、台中七期、高雄農 16、美術館區，就是重劃區的優質示範。

▶ 台中七期重劃區住宅附近都會預留寬敞開揚的休憩用地。

四、商圈

台灣各直轄市都有大大小小不同的商圈,那是百貨公司進駐點,大型商場所在地。在熱門商圈的住宅區,人流多,就業機會也較大,住宅的租務市場有一定的承托力,租金回報也相對吸引,樓價抗跌力就強。以高雄苓雅區三多商圈為例,內有崇光(SOGO)、三越、大遠百等知名百貨公司,又是銀行集中地,這區工作的人口,不少來自其他鄉縣,為方便上班,自有租住需求,故此三多商圈一帶的住宅租務市場一向不俗。至於置業自住,在商圈地區,生活機能方便,特別適合習慣都市生活方式的香港人。

五、捷運線

台北、新北、高雄都有完善的捷運網絡,沿著市中心捷運線置業,永遠是王道。步程十分鐘之內就到捷運出口的大廈,樓價最有支持。由於台灣地廣,六都市中心的外圍鄉郊地區,地僻人稀,交通配套不足,即使地價便宜,也不建議投資,除非是個人自住,一心想圓歸園田居之夢。

▶ 台北捷運系統成熟,各站周邊住宅價格相對亦較高。

六、景觀

香港的屋苑大廈，一層八戶，每戶窗都面向街外，差別只在海景、山景、城市景還是樓景；然而，台灣一般住宅大廈的建築設計，不少圍成四方陣形，中空部分為內園，台灣人叫中庭，部分面向中庭的單位，完全看不到街景，只能靠中庭採光，此類單位售價最便宜。如果中庭設計優美，買入此類單位也無妨，要是中庭破舊，即使價低，也不宜買入。

台灣住宅的一線景觀是面向大型公園或河景，例如台北大安公園景觀、高雄愛河景觀；至於香港人趨之若鶩的海景，則要視乎區份而定，未必一定屬於一線景觀。以新北市淡水為例，淡水河於關渡納入基隆河後，向北流向淡水油車口而注入台灣海峽，河水是鹹的，遇上颱風來襲，鄰近淡水河的住宅會被鹹水灌入，不時淹水，加上新北氣候潮濕，台灣人一般不喜歡貼近淡水河居住。要是在淡水置業，則以山上位置，遠眺山、河景觀為佳。海景景觀，高雄的海港景方為優質。因為高雄天氣較乾燥，不用擔心近海濕氣重，而且海港有建設，燈光效果點綴令海景價值提升。

七、樓齡

台灣房地產市場，一手新樓盤開價必定比二手盤平均呎價高至少兩成，跟香港情況一樣。台灣二手樓，當地人叫「中古樓」，折舊率較大，除非地點有很大優勢。舉個例子，要是單位坐落台北大安區敦化南路一帶，即使樓齡已有 30 年，但因為地區優勢，樓價仍然硬淨，情況就如坐落香港跑馬地的老廈單位，價值依然高。台灣房地產二手市場，以樓齡十年以下的最受歡迎，香港人若打算購買二手樓，筆者建議挑選樓齡在十年以下的物業。

八、留意接獲維修令的大廈

香港私人大廈屋苑的維修工程，動輒出現天價工程費，圍標醜聞時有報道，而每戶業主就被迫支付數十萬元大廈維修費，因此，香港業主最怕就是聽到所住屋苑要維修。

台灣情況剛好相反，一棟大廈接到政府維修令，整筆工程費，政府會負擔一半，其餘一半由業主共同分擔。大廈外牆的維修工程，台灣叫「拉皮」，出發點是美化市容；由於業主只需負擔一半費用，「拉皮」之後，物業升值的得益全屬業主自己，所以，業主都渴望自己所住的大廈接到外牆維修令。遇上一些樓齡較高的物業，若是知道不日會有「拉皮」計劃，筆者絕對認為值得在維修工程仍未開展時買入，因為這類高齡大廈，通常都坐落在市區精華地段。

九、南台灣愛透天

台灣置業，九成物業是屬永久地權，這是物業值錢之處，跟香港、內地有土地使用年限的法規不同。台灣的「透天厝」，即一般所謂「頂天立地」式的建築，建築物所有權，從地下到地上所有樓層，都是計算在內，而所佔地面面積，土地百分之百是自己的，因沒有大廈屋苑的公共設施，居住面積的實用率也高。

若是大廈住宅，土地權會平均分給所有業主，每人所持的土地份數不多；加上又有大廈會所，如：泳池、健身室等公共設施，意味業主要買一個提供所有住戶使用的公共空間，付錢購買的這個建築坪數，當中有 20% 至 40% 是大廈公用設施，台灣叫「公設比」，而透天住宅就沒有公設，土地又全屬自己，因此，南部台灣人普遍愛買透天別墅。

近十年的透天厝建築商喜歡集合多棟透天住宅形成一個小區來規劃，透天厝備有車庫，以「透天別墅」來包裝，內有庭園、露台，吸引不少南部人購買。這類透

天厝別墅小區，跟香港元朗加州花園、錦繡花園相似，只是南部的透天屋，在市區地段也可以找到，不一定坐落郊區，而且房屋數量也不會像香港那麼多。如果厭倦了高樓大廈，此類透天別墅是香港人不錯的選擇。

十、都更

都更，是「都市更新計劃」的簡稱，這是台灣最近十年的火熱話題。城市要都更，政府、地產建築商就要收購老舊建築物，要跟老屋業主談條件了。跟香港的市區重建計劃一樣，有人會看上有機會都更的老舊大廈，趁都更前買入，這是香港人熟悉的「打樓釘」。喜歡投資的香港人，可以在台北、新北、台中和高雄地區留意可能會都更的市中心地段，出手買下價錢便宜的殘舊物業，靜候收購之機。

4.4
六都置業建議

上文是台灣置業的基本注意事項，適用於六都地區。至於各都的置業要點，再扼要分述如下：

台北市：購舊公寓待「都更」

台北市區樓價是全台最高，尤其是大安、信義和中正區，樓價絕不親民，筆者認為泡沫化情況明顯，如非必要，不建議移民來台的香港人在台北這些高價區置業，除非，你真的有閒錢，又希望與政界名人、明星為鄰。

若只愛台北的生活質素，其他直轄市都不在考慮之列，筆者認為台北中山區大直重劃區是不錯的選擇。大直區樓齡十年左右的非豪宅級大廈住宅，平均價位約新台幣 90 萬。至於台北內湖區舊公寓，也可購入以待都更，現時樓齡 35 年以上的舊公寓（香港叫唐樓），四樓以上的，平均價位約新台幣 35 萬，惟自住的話，要接受爬樓梯的不便。

新北市：勿錯過執平貨機會

喜歡台北的生活氛圍，又嫌樓價太高，筆者絕對推薦在新北置業。其實住在新北，感覺跟住在台北沒兩樣，因為兩地都有完善的捷運和公共巴士往來。筆者心水之選是新北的新板特區，此區環境規劃井井有條，又有大型百貨購物中心，感覺有如住在香港的尖沙咀區。新板特區，樓齡十年左右的非豪宅級大廈住宅，平均價位約新台幣 65 萬。再便宜一點，可選擇新莊副都心重劃區。相比新板特區的成熟，新莊副都心仍在持續開發，機場捷運線即將完工，因為有新莊機場捷運站的加持，發展潛力不可看輕。不過，因為此區仍在持續開發，不少樓盤工地在動工，這是入住宅區暫時要忍受的。新莊副都心重劃區的大廈，樓齡一般都很新，現時，樓齡五年左右的大廈住宅，平均價位約新台幣 40 萬。由於之前不少台北投資客進場炒賣新莊副都心，此區空屋率極高，隨著 2015 年全球經濟不景，不少投資客劈價求售，筆者認為是撿便宜的好機會。

1 ┊ 2 ┊ 3

1 台北市大直重劃區近年來吸引到不少投資者入場。

2 新北市新莊副都心空置率高，炒家可趁低吸納。

3 新北市板橋區有不少大型商場，方便附近居民購物。

▲ 淡水區的半山住宅可飽覽河岸景觀。

如果喜歡山河景觀，又希望樓價便宜，新北淡水區是不二之選。淡水區出台北，乘捷運約 45 分鐘，平均樓價卻只是台北的四分一。淡水區置業，可選半山地區，有俯視河岸，遠眺山巒的優勢，現時，樓齡五年左右的大廈住宅，平均價位約新台幣 25 萬。

桃園市：宜避開航空城區

有機場之利，又鄰近台北，是不少香港人選擇在桃園定居的原因。在桃園市置業，桃園區中正藝文特區和中壢區的海華特區是必選之區，至於桃園航空城區，因為炒賣太多，而計劃又落實無期，筆者建議不要碰。

現時，中正藝文特區和中壢區的海華特區，樓齡十年左右的非豪宅級大廈住宅，平均價位約新台幣 25 萬。桃園冬天氣溫是全台最寒冷的地區，又易受颱風威脅，所以，類似新屋、永安的郊區地方，儘管新落成有不少透天房屋，香港人亦未必習慣。

▲ 高雄海陸空交通配套完善，投資潛力極大。

台中市：文藝愛好者必然之選

台中市置業，筆者首選是西屯區及南屯區的七期重劃區，然後是西區的草悟道。
不少到過台中七期重劃區的外地人都會怦然心動，被建築物的外觀和周遭的公共
建設深深吸引住，不期然會有在此地置業的衝動。如果不介意暫時沒有捷運，台
中是不錯的落腳處。台中七期重劃區，現時，樓齡十年左右的非豪宅級大廈住宅，
平均價位約新台幣 35 萬。如果喜歡文教藝術氣氛，草悟道是不錯之選，平均價位
比七期重劃區便宜一點，現時，樓齡十年左右的非豪宅級大廈住宅，平均價位約
新台幣 30 萬。

高雄市：捷運沿線具保值力

有捷運、水岸輕軌和機場之利，樓價又遠比台北、新北和台中低，筆者認為絕對
是宜居城市。如果在高雄置業，除了農 16 和美術館特區，就是必選市區捷運沿線。

捷運站，紅線以巨蛋、凹子底、中央公園、三多商圈和獅甲各站的物業最具保值力，橘線則以市政府、文化中心兩站的物業最有保值力。這些地區，現時樓齡十年左右的非豪宅級大廈住宅，平均價位約新台幣 25 萬。高雄的楠梓是工業區，即使鄰近有捷運站，也不建議購買該地的物業。至於大寮、崗山地區，鄉鎮味道較濃，雖有捷運站，但始終欠缺大城氣魄，物業價值較低。

台南市：首選透天房屋

台南本身就不是以大城氣象為賣點，她是讓你慢活、懷舊的小城，所以，要在台南定居，筆者認為置業首選是透天房屋。東區、永康區的透天房屋是很好的選擇，相比其他五都，台南

▲ 台南神農街的老房子彷彿把時光凝住。

地價最便宜，以港幣二百餘萬，就可以有別墅享受，位置又非落在荒僻野地，實在划算。

此外，中西區神農街仍有不少屋齡超過 50 年的透天老屋，花地磚看得出是五六十年代的出品，加上舊式鐵窗花，和陽台的老式欄杆，極有王家衛《花樣年華》的況味，此類老屋不少用作經營民宿、餐廳，如遇有此類老屋放售，筆者認為絕對有投資價值。此類坐落神農街的透天老屋，一般樓高兩至三層不等，因為保育風盛，價值不斷上揚，入場平均約港幣三百餘萬起。

▲ 感謝住商不動產台北仁愛光復店經理王浚懿先生跟作者詳細分析台灣六
都地產情況，特此鳴謝。

認識台灣房地產常用語

即使是同文同種，但因地域不同用詞亦有異，以下是港台房地產常用語對照表，
方便讀者與台灣房地產經紀溝通：

台灣	香港
房仲	經紀、Agent
案子	單位
屋主	業主
露台	平台
陽台	騎樓
新成屋	一手樓
預售屋	樓花

房地稅	差餉
頭款	首期
尾款	尾數
屋齡	樓齡
中古屋	二手樓
大樓	大廈
華廈	九層以下大廈
公寓	唐樓
透天	獨立屋、House
套房	劏房
一樓	地下
店面	舖位
車庫	車房
建坪	建築面積呎數
使用坪	實用面積呎數
公設比	實用率
中庭	內園
樓中樓	複式單位
挑高層／夾層	僭建閣仔
和室	多用途客房
景觀	景、view
戶	伙
違章建築	僭建
斡旋金	細訂
代書	類似處理房地產賣的事務律師
投資客	炒家

4.5
貸款安排

海外人士在台灣置業,如要申請貸款,需有台灣人作擔保。現時部分銀行放寬條件,可以為香港人批核新台幣 500 萬(約港幣 123 萬)以上物業的按揭,但規定貸款人需連續居台四個月,物業在三年後方能轉賣,而且按揭金額不多於六成。

若香港人是以投資身份移民台灣,在台灣已成立公司,可以公司名義買入物業並以公司名義向銀行申請貸款,按揭金額不多於五成。香港人以公司名義向銀行申請貸款購買物業,則無連續居台四個月之規定,彈性較大。筆者認識不少香港朋友,都是以公司名義成功向銀行申請貸款購買物業。銀行一般審批時間約為兩星期,程序跟香港一樣,拿著臨時買賣合約和公司資料到銀行申辦即可。筆者建議讀者到台灣本地的大型銀行申辦,例如華南、兆豐、台灣、台新銀行等。

第五章

台灣日常生活

5.1
台灣人的家居生活

來台定居，所謂身在異鄉為異客，跟台灣本地人接觸、交往，對港台兩地民情不同之處，筆者總會特別留意。隨著認識的台灣朋友愈來愈多，獲邀到他們家中作客的機會也多起來，對於台灣人的家居生活面貌，筆者就有了以下的印象。這些印象源於身在其中的觀察和體驗，是普遍可見的台灣人家居生活風貌。

家居生活習慣的形成，筆者認為跟當地歷史文化風俗、居住環境有莫大關係；香港人一旦決定移民台灣，人在台灣生活，你的家居生活習慣，或多或少也會隨著大環境的改變而調適。

家居裝潢花心思

台灣人一般都十分重視家居裝潢，街上隨處可見家品店和室內設計公司；家居小擺設，例如拼布製成的抱枕套、牆壁貼紙、玩偶等，台灣人都喜歡 DIY，自己動手做；還有自己的收藏品，家，往往就是自己個人的小博物館。

電視台有教授製作布藝小玩意擺設、插花藝術和介紹觀眾私人收藏品的節目，你很難想像這類節目會出現在香港的電視頻道吧！記得香港的電視台在 40 年前也有

台灣友人的家居，偏廳收藏了上千隻黑膠唱片和各類石頭，都是屋主心頭好；裝潢不在乎金雕玉砌，旨在見屋主的心思、個性。

過此類節目，那是久違了的香江歲月，香港人早就失落這份閒情了。對香港人而言，上車已很艱難，日夜工作賺得斗室空間，室內設計只想到要盡用空間，佔地方的擺設，未免太不切實際了。

一般台灣人都會在自己的家居裝潢上花心思，這是因為他們的居住空間較大，裝潢上能發揮的創意也較大。筆者到訪台灣朋友的家，他們的家都有自己的個性，有紀念價值的舊物不會輕易丟棄，會融入室內設計當中，成為裝潢的一部分。想到香港，室內空間每呎至少值萬元港幣，加上又喜歡「樓換樓」，搬家是尋常，即便舊物充滿回憶，對一般香港人而言，要保存收藏，實非易事。

喜歡自家製作好吃的

一般香港人，頂多只在家弄個早、晚餐，至於認識的台灣朋友，就連果醬、醃漬水果、麵包、蛋糕、餅乾，都喜歡自家製作，這確實令筆者覺得大開眼界。台灣

人的廚房空間大，料理枱上，除了必備的電飯煲，還可以同時容得下五花八門的烹飪小家電，如：攪拌機、麵包機、焗爐、榨汁機、乾肉機等等，怪不得台灣的電視購物頻道，總有各色各樣的烹調小家電在販售。環境優勢，讓台灣人可以在自家的廚房天地任意烹煮，大展身手。

台灣人熱情，喜歡跟朋友分享美食，記得某年梅子收成時節，台灣友人就親自送來自家醃製發酵的梅子醋，這份特別的禮物，叫我這個香港人的印象特別深刻。居台的日子，不時吃到台灣友人親手弄的果醬、麵包、蛋糕、餅乾，「廚房空間大，烹調就是樂趣！」此語當真！

鮮有外傭的住家

在香港，有小孩或長者的家庭，大都會聘用外籍傭工幫忙家務，然而在台灣，聘請外籍傭工並非易事。

外籍傭工，台灣叫外籍看護，工作是照護病人；若要聘用外籍看護，台灣政府規定必須出示由醫生簽發的證明函件，證明申請人家中有長期病患者，才可獲得政府准許聘用外籍看護的批文。一般台灣的雙職家庭（男女戶主都要出外上班），家中即使有小孩或長者，除非確實有長期病患，否則難以聘用外傭。由於台灣人鮮有聘請外傭幫忙，所以，台灣有不少安親班提供托兒服務，家長通常在上班前，就把未入學的小孩送進安親班；至於已唸幼稚園和小學的孩子，一般學校都會提供較長時間的托管服務，方便家長下班才接回孩子。不少台灣朋友都羨慕香港人可以隨時聘請外傭幫忙家務。

入屋進門就脫鞋

台灣受日本殖民統治五十年，日本人的家居生活習慣對台灣人影響甚深，其中一項習慣就是進門就脫鞋。台灣人進門就必定脫鞋，絕不會穿著鞋子踏進室內。跟日本人的學校一樣，台灣的學童進入課室也要脫鞋；不少辦公室的職員或來訪客人一樣是進門脫鞋，換過拖鞋才入室。習慣成自然，台灣人不會視進門脫鞋是麻煩的事。

1 | 2 | 3

1 台灣人喜歡自家製，市面也興起了賣瓶瓶罐罐及醬汁原料的小店。

2 台灣家居廚房空間大，像乾肉機、調理機等都一應俱全。

3 台灣人進門脫鞋的習慣是受到日本殖民多年所影響。

種花草、養寵物

來台久了，愈發理解家居環境與生活閒情的關係。種植花草、飼養寵物，確實可以怡情養性，問題是你的居住環境是否有足夠空間。

在香港，所有公屋、居屋以及逾八成的大型私人屋苑，大廈公契都列明「禁養寵物」，跟台灣人談到香港禁養寵物這個現象，他們都覺得難以理解。香港擠逼的居住環境，人也快無處容身，貓狗寵物當然顧不了。在台灣，大部分民居都有前後陽台，後陽台曬晾衣服，前陽台觀賞風景，又可以種花、養魚；室內活動空間一般都接近一千呎，愛貓愛犬也不愁沒有活動空間，如此的家居環境，難怪大部分台灣人都喜歡種植花草又或飼養寵物。

台灣花市林立，是愛花人閒時的好去處；主人也可以牽著愛犬自由進出沙灘、公園又或咖啡店，相比香港，台灣人無疑較有生活閒情。

泡茶是生活的重要部分

泡茶、品茶，對大多數台灣人而言，是生活情趣所在。由於居住空間寬敞，一個專為泡茶用的几案絕對容得下，加上台灣本土栽種的高山茶以質優聞名，茶行遍佈街頭，茶道用具又隨處可買，所以，家家戶戶都愛泡茶、品茶。不論是到訪台灣友人家、又或到台灣人的辦公室談公事，一進門，迎來的必定是主人親泡的香茶。

▼ 泡茶、品茶是大多數台灣人的生活情趣。

1 ┊ 2

1 盂蘭節大廈居民拜拜活動。
2 拜拜，是很多台灣人生活的重要部分。

垃圾分類是習慣

在香港要處理家居垃圾十分方便，大廈每一層的後樓梯都有垃圾收集處，任何垃圾只要丟進去，自有清潔工人每天來處理，因為，香港沒有垃圾強制分類的規定。相比之下，台灣人處理家居垃圾就沒這樣隨意了，不過對台灣人而言，環保比方便來得重要。台灣自 2006 年起全面實施垃圾強制分類，垃圾分為：「資源垃圾」、「一般垃圾」和「廚餘」。台灣民眾已養成垃圾分類及垃圾減量的習慣，紙類、塑膠、金屬、廚餘都會逐樣分類，舊電池會帶去便利商店回收，不少台灣人的家庭，甚至會備有電子廚餘桶，將廚餘變成栽種植物的沃土，循環再在，不耗費資源。

拜拜風氣盛行

民間宗教活動在台灣十分盛行，絕大部分店家逢每月初二、十六做禡（俗稱「做牙」），五星級酒店門前，你都可以見到祭品滿佈的做禡場面；盂蘭更是大節日，所有大廈的大堂門前，都成為拜祭場地，台灣人普遍都喜歡拜神，台灣人叫「拜拜」。這種拜拜活動，是很多台灣人家居生活的一個重要部分。

「多功能」管理處

住在大廈的台灣人，家居生活不能沒有管理處的幫忙。台灣人愛網上購物，商品會由直送府上，要是你不在家，管理處就會代你接收貨件並將你交下的貨款付給送件者。你有東西交給朋友，朋友又不知何時來取，你只要把東西寄放在管理處，然後叫朋友方便的時候就到管理處領取就可以，管理員必定會把東西交到你朋友手上。管理處還會替住戶叫計程車、又會按你吩咐把你家門匙交給來府上清潔的阿姨，即使你外出，鐘點工人也可進屋打掃。

台灣大廈管理處提供的多功能服務，對初來台灣生活的香港人而言，定必覺得嘆為觀止，而且認為管理費確實物超所值。

1 ┊ 2

1 台灣大廈管理處都會提供多功能服務。
2 堆滿貨件的管理處。

邀友留宿　盡見好客之道

台灣人大多好客，喜歡在家宴請朋友，而且家中必有客房，隨時可讓客人留宿，這當然與家居環境寬敞有關。筆者定居高雄，有時要北上台北，台北友人必然叫我留宿，客房在台灣人的家居，就如浴室、廚房一樣，是必需的配備。

香港人的蝸居，客房之物，未免太奢侈了！

5.2
台灣人的衣食住行

女士愛打扮

若說台灣女生普遍愛打扮，應該沒人有異議吧！來台生活，發覺滿街都是替人打
扮的店，有植睫毛、修眉、美甲、理髮、減肥和美容的，真是五花八門，各自各
精彩。筆者覺得，相較香港，台灣女生無疑更熱衷打扮。

1	2
3	4

機車不可缺

說到台灣人的行，機車少不了。機車，可以說是台灣人的雙腳，上至老婆婆、老公公，下至少年人，都可以見到他們騎著機車在城市、鄉郊四處流竄，真懷疑要是沒有機車，台灣人也許會瘋掉。

飯後一家大小逛夜市

台灣人的夜晚，怎可沒有夜市！只要到過台灣，一定會發現每個地區總有兩至三個夜市；吃的、穿的、寵物用品、電子產品、盲人按摩、攤位遊戲，夜市應有盡有，攤販在夜市討生活，遊人在夜市消磨，各適其適。

台灣人大多比較早吃晚飯，飯後就一家大小，連同寵物狗狗一起逛夜市，晚上八時到十時，就是夜市的黃金時段。筆者這個香港人置身台灣夜市，有重返香港六十年代大笪地的感覺，恍如時光倒流。

「拼力買樓」是常識吧！

台灣人跟大多數華人一樣，總覺得若是經濟能力許可，自住房屋最好買下來，南台灣人尤是深信「有土斯有財」的道理。所以，台灣的不動產買賣市場比租務市場活躍。「拼力買樓」，這跟香港人的觀念一樣，只是香港人要購買房產，難度比台灣人大而已。

1,2,3 台灣街道上盡是讓人「扮靚」的小店。
4 路上絡繹不絕的機車。

```
    │ 2
1   │ ---
    │ 3
```

1 行走阿里山山林步道，可以洗滌心靈。
2 假日國道塞車情況普遍。
3 台灣人騎單車風氣盛。

尤愛島內旅行

對比香港，台灣確實地廣，台東、花蓮、南投、阿里山、日月潭、墾丁，還有澎湖金馬等等，單是島內已有不少旅遊熱點。碰上假日，台灣人喜歡島內旅行，尤其是一連兩天以上的假期，台灣人就會自駕遊，東南西北各處走，所以，大時節的高速公路，塞車是常態。

1 : 2

1 台灣有健全的單車道配套，全台單車道目前已
　 完成 4,486 公里。
2 台北就於 2009 年開始試辦 YouBike，是全球第
　 100 個有公共自行車的城市。

騎單車風氣盛

說到台灣人最喜愛的戶外活動，騎單車永遠高居前三位。單車，台灣人叫「自行車」或「腳踏車」。台東、花蓮、墾丁等風景區，除了會看到自然美景，另一幅流動的人文風景，就是不時會見台灣人騎單車賞玩山水。

台灣人騎單車風氣盛，當然與政府推動有關。基於環保意識抬頭，為減少溫室氣體排放，以單車為綠色交通工具是全球趨勢，所以，台灣政府極之鼓勵人民騎單車，台北就於 2009 年開始試辦 YouBike，是全球第 100 個有公共自行車（微笑單車 YouBike）的城市。如今，台北、新北、台中、高雄、台南等城市，都有微笑單車 YouBike 租借。台灣 YouBike 的租借極為方便，使用者能在一秒內以信用卡或悠遊卡輕鬆借還車，又可以用手機即時查詢各站車輛情況。台灣市民乘捷運、公車，若是租借 YouBike 接駁，更可以累積點數；憑著積累的點數，可以在便利店折現購物。

要推廣騎單車風氣，就要有健全的單車道配套。據台灣體育署的公布，全台單車道目前已完成 4,486 公里，若全部連接起來可以繞台灣四、五圈。台灣自行車道的完整與普及，也是 *Lonely Planet* 將台灣選為 2012 年最佳旅遊國的原因之一。

咖啡融入生活

台灣的咖啡店很多，路上不時咖啡飄香；在路邊咖啡店一面聊天，一面品嚐咖啡，是常見的台灣風景。台灣人不僅是愛喝咖啡，甚至愛鑽研咖啡學問，一張咖啡飲品目錄單，就細列各國產地的咖啡，問店主哪種好喝，他就會跟你細道箇中分別，你就如上了一堂課。

早午晚也愛吃火鍋

台灣人對火鍋簡直狂熱，早午晚三餐，你都可以看見有台灣人在吃火鍋。台灣一般餐廳，都有火鍋供應，所以吃火鍋不只限在火鍋店。氣候炎熱如高雄，即使在夏季，也可以見到台灣人在享用火鍋。

▶ 不少西式咖啡店，都有火鍋供應。

網上購物

台灣人十分喜歡網上購物，購物網站可見廚房鍋具、熟食生食、衣履鞋物、傢俱、電器等等，商品琳琅滿目，任君選購。在網上買好了，兩三天後，貨品就會寄送到府，即使是冷凍貨品，運送全程採用「冷凍、冷藏」宅配低溫設備，貨到又有管理處會替你收，甚是方便。

相比香港，台灣的宅急便服務實在周到，大大小小的宅急便公司很多，有黑貓宅急便、台灣宅配通、新竹貨運等等，難以盡錄。

便利店十分便利

台灣便利商店，密度世界第一，平均二千人就有一家便利店。台灣排名前四的便利店為 7-Eleven、全家、萊爾富、Circle K，四家均為 24 小時營業、全年無休的連鎖店。台灣的便利店，確是名副其實，的確「便利」。

時間便利：24 小時任何時間都可以去買東西。

地點便利：學校、醫院、地鐵、寫字樓、就連阿里山上都有店，都市幾乎不出百米必遇便利店。

商品便利：便當（飯盒）、咖啡、鮮切水果、電池、手機卡、油鹽醬醋一應俱全。

服務便利：提供洗手間和開水，提供影印、傳真、印相、郵寄、繳費、買票、網購收貨服務等，幾乎涵蓋了一個人及一個家庭的全部需求。

台灣便利店一般都設有雅座，感覺恍如餐廳、咖啡廳，更會提供免費WiFi，有時又如郵局、辦公室、網購取貨店等，它就像變形金剛、無所不能；至於台灣便利店的員工，一面為客人沖泡拿鐵咖啡，一面為客人處理郵遞貨件，筆者覺得店員跟超人差不多。便利店就是台灣人不可或缺的生活必需品，外國人的觀光補給站。

台灣人愛 Facebook

要知道台灣人的衣食住行，其實到他們的 Facebook 上看看就可以，因為台灣人普遍都愛在 Facebook 上分享生活點滴。Facebook 自推出打卡（Check-in）功能之後，台灣就出現一股「到……一遊」的愛現風潮，不少台灣人出遊、吃美食必打卡。從這個現象看來，台灣人對於在網上公開個人的私生活，似乎沒有甚麼戒心，香港人在這方面就遠比台灣人小心。

據 Facebook 官方 2013 年的統計數據，台灣每月平均 1,400 萬人用 Facebook，每天約 1,000 萬人上 Facebook，其中 710 萬人透過智慧型手機或平板電腦登入，每天至少用一次的活躍用戶佔每月活躍用戶比率達 71%，較香港 67% 及全球 61% 要高。香港 Facebook 用戶佔人口比率居全球之冠，每天用 Facebook 人口約 40.37%，較台灣 42.83% 低，台灣人比港人更瘋 Facebook，是真正全球使用率之冠。

台灣的便利店都設有雅座，歡迎客人在此一邊呷咖啡、一邊享用免費 wifi。

享受電視娛樂 月旦時政

台灣屬於無線頻道的電視台有台視、中視、華視、民視和公視，至於有線電視台就百多個；跟台灣人說到香港的無線電視頻道實質上只有一個叫 TVB 的無綫電視廣播有限公司，他們覺得是天方夜譚。

台灣電視節目多元化，其中尤以政治評論節目最受台灣人注意；下班回家，用過晚飯，一家人就愛圍在一起收看「名嘴」月旦時政，所以在台灣，你會發現即使是開計程車的司機，他們都能對台灣政治局勢侃侃而談。

5.3
健保傘下的台灣人

本書第一章談到十個移民台灣的理由，其中一個就是台灣的健保制度吸引。台灣的健保制度，針灸、推拿、牙醫、中／西醫門診、專科、住院，通通都保，涵蓋的醫療層面甚廣。

由於有健保支付大部分的醫療費，病者持健保卡就醫，三天藥費連同看診費，介乎新台幣 100 至 200 元，折合約港幣 25 至 50 元，費用實在便宜。不少台灣人只要手持健保卡，身體稍有不適就會就醫，即使沒事也可去牙醫診所檢查牙齒，又或到中醫院做推拿，再加上近年人口老化問題嚴重，需要就醫的老年人口愈來愈多，所以，醫院門診、急症中心、私人醫生醫務所，隨時都可看見長長的候診人龍。

外地緊急就醫也受保

台灣政府又鑑於不少台灣商人往大陸經商，若在台灣的原公司機構，對派往大陸的台商，並未辦理停保或退保，則台商在大陸仍可享有台灣健保應有的權利。按健保法規定，被保險人於健保施行區域外（包括國外及大陸地區）發生不可預期之傷病或緊急分娩，只要於當地合法醫療機構就醫，於治療結束或出院後六個月內，就可依「全民健康保險緊急傷病自墊醫療費用核退辦法」申請保費。

台灣健保無疑是很受國民支持的醫療福利制度，民眾不用害怕有病卻沒錢醫，然而，正因為台灣健保就醫太方便，病人就醫沒節制，也就浪費很多資源；一個美好的福利制度，如果無法遏止濫用、浪費的情況，這個美好的制度也會崩壞。健保局從 2010 年開始試辦對「高診次」民眾進行的用藥輔導，就是希望教導求診次數過多的民眾認識正確的求診心態。

國民所得比台灣低許多的泰國、馬來西亞，醫療個人給付都至少是台灣的兩至三倍，可見台灣政府對健保的負擔有多重。有人說台灣是走民粹主義，政客會透過支持一些被大眾支持的社會及經濟議題，以爭取選民的支持，所以即使明知台灣的健保制度確實出現濫用，也不敢貿然提出收緊方案。

台灣政府在健保的支出愈益沉重，要撐住這把庇蔭民眾的健保傘，實在不易。

▼ 撇除濫用問題，台灣人在醫療方面的保障的確非常完善。

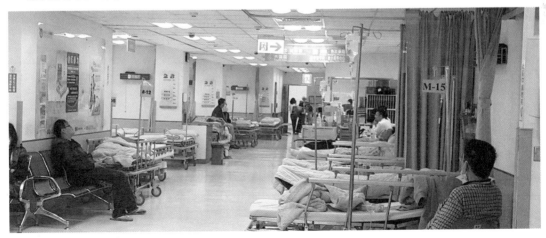

5.4
台灣的慢活人生

相對香港來說，台灣社會的生活節奏確是慢的，但慢，不等如懶，不等如消極，更加不等如暮氣沉沉。香港人走路很快，用膳很快，買樓、賣樓要快，工作手腳要快，賺錢更加要快，我們的城市是跟時間競賽，慢，彷彿是罪。

近年，不少香港人開始反思急促的城市生活步調，究竟有何意義。不少香港人愛來台灣作四、五天的輕旅遊，有些人想到來台灣打工換宿，有些人想到騎單車環寶島，甚至會到台灣寺院靜修，這或多或少，是被台灣人的慢活態度所吸引。

捍衛尊嚴　孕育慢活態度

慢活的理念，就是把生活步調放慢，多留充裕的時間給自己去體驗生活細節，追求簡單、樸素、愉快的生活。台灣人以前也曾奉「愛拼才會贏」為核心信仰，拚命追逐金錢，也因此創造台灣經濟奇蹟。然而，台灣就是會從經歷中覺悟，成就不一樣的境界。隨著中國內地經濟實力愈來愈強，在國際政治舞台的角色愈來愈重要，台灣

一方面被內地邊緣化，另一方面就要面對內地的各種利誘，在這樣的處境下，不少台灣人省悟到必須捍衛自己的尊嚴，認為不能向金錢屈膝，政治、經濟的逼迫，反而讓台灣人沉澱出慢活的元素。

推崇悠閒生活，享受生活中的小確幸，忠於自己，拒絕成為金錢奴隸，此種慢活哲學在台灣甚有捧場客。具體來說，就是一旦厭倦了台北的辦公室工作，可以跑到台東，退隱高山自種田，結間茅屋白雲邊。在台灣，這並不是稀奇的事。

放緩腳步 學會欣賞

所謂的慢，是一種心情、和一種生活的品質，是自己掌握的速度。喜歡台灣的香港人，正是喜歡這種由「慢」而來的生活情調。在台灣的咖啡室，你可以慢慢品嚐咖啡，點一杯咖啡，隨時可以坐兩個小時，你可以閱讀，你可以放空，店主不會催促你結帳。

要享用美食嗎？你會看見廚師慢慢烹調，他堅持慢工出細貨，當然，你要接受候餐的時間比香港長。要是這位廚師兼店主覺得今天客人太多，她怕會影響做菜的水準，也怕客人要等候太久，她會十分客氣的請你到別家用餐，而非叫自己採用流水作業，加快做菜的速度。還有的是，店主堅持一星期必定要休息一天，絕不會全年無休，這正是慢活的瀟灑。

初來台灣，接觸這樣的店主，筆者會覺得她是在跟錢鬥氣，更會嘲笑她不懂做生意；如今，知道如此性情的台灣店主為數不少，自己在台灣生活久了，跟他們接觸深了，才明白這種慢活是人生美好境界。追趕，太緊張了；慢活，讓你放鬆，唯有慢慢地來，才可以欣賞自己的人生，走的每一步，都是在享受、欣賞，台灣人是深明此理。

歡迎光臨
開關此門要迅速,
小心別讓貓跑出去喔.
麻煩親愛的客人們
感恩~

```
1 ┆ 3
---------
2 ┆ 4
```

1 高雄種子福田咖啡店店主——戴平安小姐。

2 店主看重的,首位必然是救援回來的貓咪。

3 種子福田會播放小眾電影,讓客人一邊呷一口
　咖啡一邊欣賞,沒有店員會催促你「交枱」。

4 要是不來消費,龍友也可以來拍攝,悉隨尊便,
　一切就是如此隨意,不計較。

在台灣慢活的氛圍下，少了繃緊，你能和任何人都成為朋友，隔壁的阿伯、公車司機、帶團導遊、便利店的收銀員等等，走到哪裡都會有人親切地對你說「謝謝」、「再見」、「不會」、「對不起」。台灣美麗的人文風景，是要放慢腳步來細賞的。

第六章

香港人在台灣

6.1

父子踏上創業路

茶餐廳和茶樓2合1的「港仔大佬」

說到香港的地道飲食文化，茶餐廳的絲襪奶茶配黑白淡奶，茶樓的點心，必然佔據重要席位。Eiddy Wong（黃少豪），一位來自香港、剛滿 32 歲的年輕人，從 2014 到 2015 年，兩年之間就在高雄連續開了兩間結合港式茶餐廳和茶樓元素的「港仔大佬」。如果說香港茶餐廳的特色就是食物多元化，那麼「港仔大佬」可以說是把這個特色發揮得更加淋漓盡致，因為「港仔大佬」連港式茶樓點心的精彩都包羅了。

初見 Eiddy 的時候，筆者覺得眼前這位八十後，髮型時麾又打扮帥氣，年紀輕輕就開了兩間餐廳，橫看豎看，都不像在廚房練過功夫的人，心想：「又是成功需父幹的典型例子吧！」一路談下來，才知我的直覺錯得厲害！

一切由父親帶來台灣說起

談到 Eiddy 在高雄創業，父親黃世傑的影響最大，那並非金錢上的支援，而是父親把 Eiddy 帶來台灣，給了 Eiddy 不一樣的經歷。Eiddy 的父親黃世傑，1985 年受聘來台灣當點心師傅，他說那個年代的台灣由蔣經國主政，經濟蓬勃，市面繁

1 ┊ 2

1 上場不離父子兵 —— 黃少豪與父親黃世傑。
2 父親熱愛烹飪，Eiddy 在耳濡目染下亦踏上點心師傅之路。

榮，各大酒店都以高薪招攬香港的點心師傅過檔，他來台前是在香港翠園當點心師傅，見人家出的薪水比香港優厚，就決定隻身來台工作。

黃世傑拿著工作證在高雄工作了兩年，心裡始終惦念香港的妻小，遂決定把妻兒都接來台灣生活，當時，Eiddy 四歲。Eiddy 就這樣隨父來了高雄，在高雄唸幼稚園，然後升小學。回想那段在台灣唸小學的日子，Eiddy 說自己其實很不適應那陌生又艱澀的課程，母親不忍他讀得如此辛苦，就決定帶九歲的 Eiddy 回香港唸書，丈夫則繼續留台工作。九歲的 Eiddy 又重回香港唸小學，自己也以為會一直留在香港唸書；也許命運注定 Eiddy 和台灣有不解緣吧，回港唸了一年小學，Eiddy 明白自己畢竟已離開香港五年，香港的課程比台灣的更加令他感到陌生艱澀，香港的學校，他已格格不入了。在香港唸完一年小學，Eiddy 主動叫母親送他回台灣繼續學業，母親也樂見一家三口在高雄團聚。

不論選擇在香港還是在台灣唸書，不論升讀大學與否，父親都給 Eiddy 自主權，連 Eiddy 對點心製作的興趣，甚至想到賣點心，也是自發的。Eiddy 說從小看到父親製作港式點心，父親又喜歡分享烹飪心得，自己不知不覺就愛上點心，更希望可以在台灣發揚香港飲食文化。

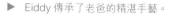
▶ Eiddy 傳承了老爸的精湛手藝。

從 7 年 Dior 工作中學習服務至上

Eiddy 在台灣唸完高中，就決定放棄升讀大學，他說了解自己的興趣不在書本。Eiddy 高中畢業之後就服兵役，過了一年半的部隊生活，他認為艱苦的軍訓是寶貴的學習經歷，令自己做事更有決心、更有毅力。服役完畢，Eiddy 就拿了身份證，正式入籍台灣。

經營飲食業之前，Eiddy 在高雄漢神百貨的 Christian Dior 精品店當了七年售貨員，Eiddy 說現在經營飲食業，「服務第一」為經營王道，正是自己過去從 Christian Dior 的零售工作中領悟出來，他慶幸自己在創業之前，有 Christian Dior 這個職場讓他鍛煉。在名牌精品店工作，貨品動輒六位數字新台幣，客人不少是豪門富戶，他們要求店員貼心伺候是正常的。Eiddy 當店員的時候，從不覺得伺候客人是委屈的事，他堅持用心去做，不論客人光顧與否，不論客人如何挑剔，他都視每個客人為教導他待人接物這門功課的良師，不少客人也因此與 Eiddy 建立友誼。Eiddy 說，有一次，一個視他如子侄的客人請他去一間極之高級的餐廳吃飯，那是 Eiddy 第一次見識高級食府的服務態度，那次經歷印象深刻，也令他明白經營飲食業，服務表現是可以叫顧客如此難忘。

有這樣的一顆心

Eiddy 自小喜歡看父親製作點心，覺得父親弄的點心是天下第一美味，在台灣無處可以品嚐，所以，他一直希望擁有自己的食店，可以跟客人分享父親最拿手的港式點心滋味。Eiddy 這個心願，並沒有因為自己在 Christian Dior 工作而遺忘。

以絲襪奶茶及港式點心為招牌正是希望在台灣發揚港式飲食文化。

在 Christian Dior 工作了七年，靠著自己和太太的積蓄，Eiddy 終於在 2014 年 5 月開了「港仔大佬」，就是現在位於高雄苓雅區林森路的總店。一座樓高四層的食肆，要是背景換了在香港，那必然是集團式經營，輪不到個體戶吧！

筆者冒昧地問 Eiddy：「在高雄開這樣的食肆，你的開店資本要多少？」也許住台灣久了，Eiddy 完全體現台灣人的率直爽快，馬上回說：「開業資金是新台幣 250 萬，是我和太太努力存下來的錢，爸爸就擔當廚部總監，全力在精神和技術上支持！」Eiddy 坦白的說，拿著新台幣 250 萬，折合港幣約 60 萬元的資本，他根本不可能在香港圓這個創業的夢，在台北也不可以，然而在高雄，他的夢想可以成真。

對於高雄，Eiddy 讚不絕口，他謙虛的說：「以我的出身，不過是一個點心師傅的兒子，小時候和家人蝸居黃大仙新蒲崗的舊樓斗室，要是我一直住在香港，今

天我絕不可能是兩間食肆的負責人。香港要創業，尤其是經營食肆，成本太大了。你知道嗎？像我這類型的食肆，高雄開業所需的資金，只是香港的五分之一。在高雄，我可以發揮！」Eiddy 認為在高雄創業是走對了路，他看好高雄的飲食消費市場，認為只要服務好，用心做好食物，客人一定會回頭。

異鄉人的體會

聽 Eiddy 說國語，仍有香港腔調，筆者忍不住問 Eiddy：「一個香港人在台灣經營食肆，怕被當地人欺騙，又或怕被排擠嗎？」Eiddy 肯定的說：「不會啊！台灣人，尤其是南部人，他們對香港人都很友善。哈哈！除了兒時在台灣唸幼稚園被同學嘲笑我的港腔口音之外，我從來沒有被台灣人排斥的感覺。回想幼稚園的日子，同學取笑我，是因為他們年紀小，仍未懂事，到我升上台灣的小學，同學都懂得尊重、愛護我這個『香港仔』。至於會擔心被當地人欺騙嗎？我為員工提供宿舍，收取的租金比市價便宜很多，我付的薪金也令他們滿意，台灣人很重情義，只要我善待員工，我不憂心被騙。」

父子同心是成功關鍵

坐落苓雅區林森二路的「港仔大佬」，開業八個月就回本，對 Eiddy 來說，無疑是客人最大的肯定。2015 年 5 月，「港仔大佬」在鼓山區明華路開分店了，說到這裏，Eiddy 不忘向父親言謝，他說食肆的成功，父親的港式點心，居功至偉。在旁的父親，笑得開懷之餘，更開腔強調：「我能幫的不多，是 Eiddy 自己不斷鑽研餐飲食物，奶茶是他自己沖泡，我只是介紹他認識香港一位沖泡奶茶的老行家，他自己去學藝；至於點心、飯麵、小菜，全是 Eiddy 自己在我的基礎上再改良、創作。」

樂戶台灣 移居生活提案

◀ 店內一隅刻意營造出香港懷舊風格。

筆者品嚐過 Eiddy 親手泡的絲襪奶茶，茶香、奶香，是久違的香港茶記氣味；還有顆顆圓潤彈牙的燒賣，細嚼之下，齒縫會滲出新鮮的豬肉香，是香港冰鮮豬肉無法複製的味道；叫美人蔥的豬骨麵，就吃出了這位年輕店主的創意；美食不勝枚舉，用照片說話好了！筆者相信，父子同心，是「港仔大佬」成功的關鍵所在。

那一股久違的香江氣味

「港仔大佬」，顧名思義，就是要表明自己香港仔的身份。Eiddy 對香港這個家鄉仍是有很深的情意結。「港仔大佬」，除了餐單充滿港式氣味，總店、分店的裝潢，也是處處滲出香港味道。兩店的牆壁，滿是 Eiddy 親書的曾灶財字體，問他為何喜歡曾灶財字體？Eiddy 說：「曾灶財的字，就是非常的香港，我喜歡。」

「港仔大佬」還有鐵製的碌架床、坐地木框電視機、塑膠紅 A 燈罩做陳設，營造了六七十年代的香江氛圍，問 Eiddy：「你是八十後，為何鍾情六七十年代的元素？」Eiddy 說：「那是從香港舊電影裡得來的印象，喜歡那個年代的設計美學。其實，店裡的佈置，還有不少九十年代的元素，九十年代，是我在香港的親

身經歷，那是香港最美好的歲月。」屬於 Eiddy 的香港九十年代，有劉德華、黎明、郭富城、梅艷芳、草蜢的卡式錄音帶，有馬榮成的《中華英雄》，這些小物件，都成為「港仔大佬」的擺設。「港仔大佬」除了是滿足口慾的食肆，它還是讓人游走的時光隧道，通向的是昔日美好的香江歲月。

```
1  ┆  2
   ├ - -
   ┆  3
```

1 九十年代當紅香港歌手的錄音帶也成為店內的擺設。
2 店裡經常高朋滿座，自然反映了食客對「港仔大佬」的喜愛程度吧！
3 **港仔大佬**地址：
　總店：高雄市苓雅區林森二路 116 號
　分店：高雄市鼓山區明華路 222 號

樂戶台灣 移居生活提案

6.2
由偶然到命運自決
救援台灣流浪犬的有心人

Benny Ho，何存忠，47 歲，是薩摩亞商羚邦（亞洲）有限公司在台灣區的業務發展經理，版權處理和公司一切法律文件跟進是他的專長。在某地方落腳生根，用不著刻意籌謀；一切信是有緣，Benny 感受最深。他說自己來台灣全是偶然，那是 1980 年的事。

1980 年，Benny 在香港唸中一，他的弟弟唸小六；有一天，住在台北的叔叔忽然建議唸小六的侄兒往台北讀書，Benny 父親覺得主意不錯，就決定把 Benny 弟弟送去台北。原本，來台唸書的只有弟弟，正是弟弟赴台在即之際，父親思前想後，總覺得弟弟年紀還小，必須有人陪伴才安心，可以有個照應，遂問身為兄長的 Benny 是否願意陪弟弟一同來台升學，那時剛完成中一課程的 Benny 一口就答應。其實，當時 13 歲不到的 Benny，對台灣升學不單全無概念，甚至對台灣這個地方也談不上有甚麼認識，只知守護弟弟來台是當哥哥的責任，甚麼個人前途路向，通通沒有多想。兩兄弟就在 1980 年來到台北，他們和叔叔一起生活，在叔叔的安排下，二人都找到學校，弟弟升讀國中一年級，Benny 就唸國中二年級。

驀然回首，昔日單純的念頭，原來正是造就 Benny 往後在台灣種種機遇的緣起。

港台兩邊走的中學歲月

台灣初中的校園生活，對一個香港男生而言，感覺既陌生又新鮮。初來台灣，Benny 聽、講國語的能力都不好，因語言隔閡而跟同窗發生磨擦、衝突，加上八十年代的台灣國中老師和教官仍沿用嚴厲管教那一套，受罰當然也免不了，不過由於自己來自香港，相對其他同學較早開始學習英文，亮麗的英文科成績又令少年 Benny 得到不少同學的羨慕；如今回想，種種有笑有淚的校園經歷，都成為那些年美好的青春印記。

唸完中三，本來打算繼續在台灣升讀高中，但命運在此時又把 Benny 召回香港。那是 1982 年，祖父在香港逝世，身為長子嫡孫，Benny 要回香港奔喪。這趟回港，待祖父喪禮辦妥，卻發現已錯過報讀台灣高中的日期，想到自己曾在九龍路德會

1 ┊ 2

1 Benny 會踏上救援流浪犬之路，一切純屬機緣巧合。
2 Benny 在毛臉臉救援社團認識了一班志同道合的義工朋友。

協同中學唸中一，逼不得已，唯有硬著頭皮向母校求助。當時，協同中學的校長仍然記得這個少年人，他安排 Benny 入讀中四，就是這樣，Benny 又回歸香港的中學校園。

命運總喜歡給人小小的戲弄，在台灣唸初中，英文科是 Benny 的強項，弱項是中文、數學；然而重返香港唸高中，要重新適應英文中學課程，英文卻成為 Benny 最難應付的科目，強項就變成了中文、數學。終於在香港完成中四、中五，也等到中學會考放榜，Benny 的成績一如自己所料，中、數成績不俗，英文科則只是及格而已。這時候的 Benny 已懂得為升學前途籌謀，他知道縱使能在香港升讀預科，但英文科成績會妨礙他入讀香港的大學，於是他決定返回台灣，以港澳僑生身份入讀大學先修班。如果說當初來台唸初中是偶然，這次重回台灣升讀，就是命運自決了。

與法律的邂逅和相交

在台灣完成了大學先修班，Benny 考進了中國文化大學法律系。在法律系唸書，知識產權法律是 Benny 最有興趣的一科，也因為擅長知識產權法，讓 Benny 的事業跟影視娛樂界交疊起來。

大學法律系畢業，Benny 唸的是台灣法律，他明白要學以致用，就一定要留在台灣工作。Benny 專攻知識產權法，第一份工作，就是在國際唱片業交流基金會（IFPI）擔任法律專員（後任法務主任職務），負責追訴盜版侵權行為、研究並提供台灣立法者知識產權法律修法專業意見等業務。上世紀九十年代至廿一世紀開初，兩岸三地華人社會對版權意識仍然十分薄弱，唱片、電影盜版行為極之普遍，民眾一般不覺得盜版侵權是錯，在這樣的環境下捍衛著作權法，Benny 的工作確實不易為。2001 年 5 月，Benny 為 IFPI 打了漂亮的一仗，成功檢控了一名成功

大學學生擅自架設網站，並違反著作權法，在網絡非法上下載 mp3 音樂。這宗由 Benny 負責代表唱片業追訴的案件，就成為台灣，甚至是全世界今日處理網絡違反著作權法的重要案例。

在 IFPI 工作了一段頗長日子，Benny 就轉到台灣知名電影、電視節目製作人柴智屏的可米瑞智國際藝能有限公司擔任法務部門的主管，負責一切藝人、經紀合約擬定和版權業務。説到這裡，Benny 突然提及柯震東，他不無感慨的説：「柯震東，我第一次見他，就覺得他很帥，很有演藝潛質，當時我跟柴姐都一致認定：他必定大紅。他後來吸毒被逮，賠了前途，可惜啊！唉！毒品，真是碰不得！」眼前的 Benny，就不期然流露出痛惜之情，如果説讀法律的人是理性得近乎冰冷，Benny 絕對是例外，對人對動物，他都是性情中人。也因為這樣的性情，讓他走上救援流浪犬之路。

始於與被虐流浪犬小飛象的緣

Benny 三年前在寵物店買來了一隻法國鬥牛犬 James，那時他純粹是希望養一隻寵物犬來令生活豐富一點，覺得只要自己善待買回來的寵物就好了，甚麼「領養代替購買」、「向黑心繁殖場説不」這些動物保護口號，Benny 也沒注意過，甚至還在社群網站上與鼓吹前述理念的網民筆戰。直至有一天，公司藝人陳珮騏找正在埋頭苦幹的 Benny，他還以為陳珮騏是來查詢合約細則，誰知，她是一心要找 Benny 解釋為何要拒絕購買寵物。陳珮騏是一直關心台灣動物保護這個議題的藝人，她知道 Benny 十分疼愛 James，就向 Benny 説明了黑心繁殖場的種種惡行，述説這些繁殖場如何不人道地對待貓狗，指出購買寵物即是助長黑心繁殖場的經營。Benny 當下恍然大悟，遂開始在網上關注有關動物救援的報道，也因為這樣，他從網上知道華航有一位不斷救援流浪犬的飛機師——王丰先生。

◀ 在收容流浪犬的狗園，總會見到 Benny 的身影。

Benny 當時只是在網絡上認識這麼一位王丰，二人根本素未謀面。也許，命運就是要安排 Benny 成為流浪犬的守護天使，一隻受虐幼犬「小飛象」的出現，讓 Benny 從此走上救援之路。

小飛象是街上的流浪幼犬，2014 年的某天，牠的小腦袋遭惡徒重擊，整個癱軟在地，發出陣陣哀叫之聲，路過的王丰發現了牠，就立即把重傷的小狗送到新北市三重的愛生動物醫院醫治，並為小狗取名小飛象。小飛象送到醫院了，但王丰第二天就要開飛機，一去就要多天，心又放不下病危的小飛象，遂在網上召集義工到愛生動物醫院照顧小飛象，希望讓可憐的小狗感受到愛，從而有力量活下去。Benny 從網上知道小飛象的事，心想自己家就在三重，離愛生動物醫院又不遠，就立即響應王丰的號召，與一群熱血的網友，每天風雨不改，下班之後就跑去醫院探望小飛象，又餵牠吃東西，一直到數月之後小飛象出院。

因為小飛象牽的緣，Benny 真正認識了人稱熱血機師的王丰，也認識了一班救援流浪犬的義工，也設立了「小飛象集氣關心團」Facebook 專頁，與其他朋友一起關懷流浪動物議題。當時毛臉臉救援社團的團長林靚小姐，也是每天到醫院幫忙照顧小飛象的義工，Benny 更主動表示希望加入毛臉臉救援社團。今天，Benny 不單是毛臉臉救援社團的成員，他更是社團的中堅分子，誘捕流浪犬然後送到醫院結紮、餵飼荒郊野路的流浪犬、開車把救回來又醫治好的狗狗送到領養家庭、監督社團的財務運作，其間，他於超強颱風天救援瑟縮在草叢裡的大型流浪犬「Phoebe-Beauty」、與林靚團長在只有攝氏 8 度的寒流夜裡，深入貨櫃底下救

出剛出生兩天而恐會凍死的幼犬「黑珍珠」等等，這一切一切，都把 Benny 的公餘時間填得滿滿。

題外話，因為關注動物保護議題，Benny 更善用自己時任可米瑞智公司版權部門主管之便，將九把刀監製的電影《十二夜》推介給羚邦公司的老闆，她根本沒有多想，就一口答應比照台灣上映的模式把影片帶到香港放映，並不計成本，將所有收入捐贈給香港的關懷流浪動物團體。Benny 正是希望藉著電影《十二夜》，可以讓觀眾了解動物收容所的真實情況，從而思考動物的生存權，反省人類對動物的態度。

我不是過客

1988 年以前，所有來台灣唸書的港澳僑生，不須附帶任何條件，一律可以領取台灣身份證入籍台灣，Benny 和弟弟正好趕得及修例之前入籍。問 Benny 有想過回香港工作嗎？Benny 斬釘截鐵的回應說：「完全不想。因為我不是過客！」

大學時期，Benny 認識不少由東南亞地區如馬來西亞、印尼、菲律賓等地來台灣唸書的華僑，他們都覺得自己只是台灣的過客，畢業就會返回自己的國家；然而，Benny 從大學時期開始，就覺得自己跟這些華僑留學生不同，他們有自己的國家，而來自香港的 Benny，家國對他而言，就只有中華民國。因為深愛這片國土的人和事，Benny 關心台灣的政治，關心台灣的社會，當然，也包括台灣的流浪動物。Benny 每年都會回香港探望父母，眼見近年香港政事紛擾，社會亂象百出，Benny 就更加珍愛台灣得來不易的民主。

6.3
台灣，容許追夢的浪漫國度
從讀醫到彈結他的尋夢女孩

2006 年香港中學會考放榜的日子，聖公會蔡功譜中學應屆中五畢業生、18 歲的陳嬿如拿著中規中矩的成績，正在思考應該何去何從。繼續留港升讀預科？自己希望唸醫科，但要在香港入讀醫學院，機會太渺茫了，隨便在大專院校找個水泡學系，又違己志。到海外升學？美加英澳，學費不菲，又不想加重家裡的負擔。這就是當年嬿如的兩難處境。

家人知道嬿如為前路困惑，就建議不如往台灣唸書，反正舅父在台北生活，好歹也有親人照應。嬿如心想也是，相信只要努力讀書，加上僑生身份，或許有機會入讀自己心儀的醫學院，而最重要的是，台灣唸大學，學費相宜，外地生又可兼職工作賺取生活費，家人的經濟壓力至少不會太大。就這樣，18 歲的陳嬿如就來了台北，入讀為港澳僑生開設的大學先修班。

圓一個唸醫科的夢想

嬿如從小就立志唸醫科，覺得醫學知識可以助人，來台唸書，也是為圓此夢。苦讀一年的大學先修班，2007 年大學聯考放榜，陳嬿如終於如願以償，獲派高雄醫科大學。陳嬿如要收拾行囊，南下到高雄開展五年的醫科學習生涯了。如今回想

```
1 ┆ 2
-------
3
```

1 嬿如毅然脱下醫生袍，選擇在高雄咖啡店工作。
2 大學醫科畢業照。
3 嬿如透過教會尋著自己喜愛的生活方式。

讀醫的歲月，嬿如説是辛苦的，除了課程艱深之外，宿舍生活也顯得有點苦悶，因為唸醫科的同學，生活就是離不開讀書和考試。

漫長的四年醫學院課程，再加上一年的醫院實習，嬿如總算熬過了。嬿如唸醫科的夢想成真，在香港的父母當然萬分欣慰，他們憧憬女兒將來可以留台當醫生，事業前途無可限量，心裡就更是高興。然而，就正是在高雄長庚紀念醫院和高雄醫科大學附屬醫院實習的那一年，命運卻悄悄引領嬿如走上一條不一樣的路。

灑脫卸下醫生袍

在醫科院實習的那一年，嬿如真正體驗到醫生的工作和生活。由於有台灣健保這把保護傘，醫院 24 小時都擠滿就醫的民眾，醫生要長時間應診，並要接受日夜顛倒的輪班制度，嬿如置身其中，不禁開始思考：這種終日應診的生活，錢無疑是賺到，但真正是我所要的嗎？醫科畢業，就一定要當醫生嗎？嬿如開始認真思索自己未來的人生路。

原來嬿如從小喜歡音樂，她很愛唱歌和彈結他，喜歡在舞台表演，只是過去一直忙於讀書和考試，之後唸醫科，更加沒有認真想過要以音樂表演為事業。醫院實習期間，嬿如接觸了基督教，也開始了教會的崇拜生活。嬿如加入了高雄循理會 Fight K 教會，也因此認識了張蒙恩牧師。張蒙恩牧師知道嬿如熱愛音樂，就鼓勵她加入敬拜隊。在敬拜隊，嬿如可以唱歌、彈結他，她感謝上帝給自己美好的音樂恩賜。音樂成為嬿如和上帝相交的橋樑，她也藉著音樂傳揚福音。在教會獻詩、彈結他，嬿如覺得這樣的信仰生活快樂又充實，她萌生了放棄行醫的念頭，希望把時間用來深造音樂，然後繼續用音樂事奉上帝。這是一個浪漫的念頭，嬿如最後將念頭化成行動，實習完畢，同學都拿了醫院聘書當醫生去，她卻毅然卸下醫生袍，走上一條非一般的路。

夢想是：尋找就尋見

嬿如決定不當醫生，為了爭取更多時間事奉上帝和學習音樂，她早上七點半到咖啡店當侍應生，四點半下班之後就練習結他和唱歌，每個星期六、日，就在教會事奉、敬拜。筆者無法想像有人寧願當侍應生而放棄醫生這份高尚職業，嬿如對音樂、宗教的追尋，用一句香港潮語形容：「太離地了吧！」。筆者不禁唐突的問嬿如：「咖啡店的薪水，夠生活嗎？」坐在我面前的嬿如，笑容可掬，她馬上就回答：「在咖啡店工作，每月有兩萬多新台幣，夠用啊！高雄房租便宜，生活

1 ┊ 2

1 嬿如平日上午就在咖啡店打工，下班就練習結他和唱歌。
2 嬿如喜愛高雄的生活，也表示幾乎不會考慮回流香港了。

開支不大，我覺得夠用了！」問嬿如：「會覺得自己浪費了醫學院所學的專業知識嗎？」此時，嬿如遞了一張名片給我，原來，她除了在咖啡店工作，公餘時間，就在一間國際連銷公司銷售健康產品。

嬿如不是要向筆者銷售商品，她只是想告訴筆者：自己的醫科知識，在銷售健康產品的過程就大派用場了。嬿如說自己很喜歡任職直銷公司的經營理念，產品都是以關顧健康作出發點，她指自己向客人講解健康產品時，一定以醫學角度闡釋，她不是著眼於營利，而是覺得自己能幫助客人了解健康之道。當這份兼職時，嬿如可彈性安排公餘時間銷售，絕不妨礙自己的音樂和宗教生活之餘，又可應用舊日所學。嬿如覺得夢想必須要追尋，反正年輕，沒有包袱。

訪問嬿如，會受她的喜樂感染；喜樂，來自嬿如的信仰，來自嬿如知足的心。至於嬿如在香港的父母，支持女兒追夢嗎？嬿如說：「老實說，父母知道我放棄當醫生，反應是震怒！他們不能接受，覺得我浪費所學，棄康莊大路不走而偏行崎嶇山徑，是愚不可及的。」父母的反應，會令女兒改變想法嗎？嬿如說：「因著宗教信仰，我相信上帝會引領我路。我會讓父母知道，現在的我，生命豐盛、喜悅，我也相信他們最終會支持。」

台灣是我家

嫣如 2012 年醫科畢業,之後留台工作,在 2014 年拿了台灣身份證,問她可喜歡台灣?嫣如說:「說真的,十分感謝上帝讓我可以在台灣生活。我喜歡台灣的居住環境,喜歡台灣的人情,如今若要我回到香港生活,我已不適應了。」嫣如回望過去約十個年頭,她很感激台灣給她非常美好的教會生活,「我視台灣為我家,因為,在這裡,我有良師益友,而更重要的是,我的生活可以跟音樂和宗教結合。」

追逐浪漫的夢想,也許要先找一個浪漫國度。台灣,由瓊瑤小說開始,她給香港人的感覺,就是那麼的不吃人間煙火,相對現實得可怕的香港,台灣確實是一個適合織夢的地方。

嫣如也想藉這個受訪機會,公開感謝循理會的張蒙恩牧師及兼職工作的領導人:「張牧師不時用《聖經》的話語鼓勵我,讓我這個香港留學生處處感受神的同在,讓我可以堅強壯膽地在台灣追夢。此外,我也感謝台灣 Amway 的地區領導人張宋樺,他是基督徒,教導我如何用合乎上帝的心意去營銷產品,令我獲益良多。」

6.4
成就人生下半場
找到退休樂土的地產代理

李小琳，60 歲，退休前，在香港元朗經營紫晶、金豐兩間地產店；2015 年她決定退休並且移民台灣，為的是要好好享受人生下半場。

時光倒流至 1956 年的香港，那是五十年代中國大陸的難民潮，當時仍在襁褓之中的李小琳，就隨母親由潮州逃難到香港。又是典型獅子山下的故事，一如大多數在五六十年代來港的新移民，李小琳和家人住在九龍何文田的木屋區，過著清貧刻苦的生活。潮州人生養子女多，家貧再加上重男輕女的傳統思想，身為長女的李小琳，九歲就得隨長輩到工地幫忙撿收泥頭賺錢，她記憶之中，只在夜校唸過小學一、二年級。

在那個艱困的香江歲月，社會福利欠奉，人人得靠自己，像李小琳這類失學童工真的很多很多，所以，當李小琳回想那段似乎沒有童年的兒時日子，她說完全沒有覺得自己特別淒苦，也從沒怨恨父母未有供書教學。

◀ 李小琳在高雄覓得理想居所，享受退休的優悠生活。

隨香港的經濟一同起飛

六十年代末到七十年代，是香港輕工業發展的黃金年代，西環、柴灣、新蒲崗、觀塘等地工廠林立，那年頭，中五畢業仍是叫人可望而不可即的高學歷，不少女孩子的青春都在工廠消磨，「工廠妹」可說是其中一個重要的時代符號。李小琳 13 歲開始在工廠工作，對她而言，告別工地轉到工廠幹活，已是值得高興的人生躍進。她先後做過聖誕燈飾加工、眼鏡框鑲嵌人造鑽石、編織假髮、縫製手袋和成衣等等。

回顧那段工廠生涯，李小琳不覺得辛苦，反而感恩工廠薪水可以讓她自食其力之餘，還可以養家，畢竟家裡弟妹多，擔子很重。說到這裡，李小琳跟筆者分享了一個至今仍然難忘的陳年舊事：「13 歲那年，我首次拿到工廠發的薪金，下班第一件事，就是立即跑到西餅店買一個生日蛋糕回家。那天根本不是我生日，只是自己從來沒嚐過蛋糕，更遑論一整個的生日蛋糕，所以，我一直渴望自己可以有能力買一個生日蛋糕。那餅店是每天上班都會路過的，每次，我都會駐足欣賞那一個個圓圓的生日蛋糕，然後幻想入口的滋味。那天，八個弟妹看見我帶了一個生日蛋糕回家，大家都開心呼叫，然後不消五分鐘，哈哈！蛋糕就給幹掉，連蛋糕屑也一點不剩。至今，我仍然記得那個蛋糕的模樣和味道。」

1979 年，23 歲的李小琳結婚了，丈夫同樣姓李，是殷勤老實的人。李小琳婚後就搬進鑽石山大磡村的夫家，由木屋搬到石屋，她覺得人生又躍進一大步了。丈

夫的工作是開車送石油、火水，李小琳仍然繼續在工廠工作，兩小口的日子過得簡單而美滿。往後四年，李小琳先後生了兩個女兒，一家四口，也由大磡村石屋搬到屯門公屋；丈夫疼愛妻小，又努力賺錢養家，家居環境又有改善，她覺得自己是無比幸福的女人。

兩個女兒相繼出生，李小琳在工廠工作之餘，同時要兼顧女兒和打理家務，她說當時幸好年輕，精力還足以應付。到了 1989 年，一個機遇臨到李小琳身上，這個機遇，是由屯門一間小小的地產店而來的。

一星期臨時工成一生的事業

那時李小琳家住屯門，每天出入，都會經過這間地產店，跟店的老闆娘份屬屯門街坊，偶然也會寒暄幾句。有一天，那位老闆娘叫李小琳幫忙顧店七天，因為唯一一個員工辭職了，她需要至少一星期時間才可以聘到新員工。李小琳當時心想自己過去一直在工廠打工，從沒試過這類行業，反正試一個星期也無妨，於是一口就答應了。那位老闆娘知道李小琳全無樓宇買賣經驗，原意也只知叫她幫忙看店和招呼客人，沒想過叫她銷售。也許是命運注定李小琳要走進地產這行業，一星期的臨時工，李小琳獨自向客人推銷，竟然成功幫業主賣出兩個單位，老闆娘覺得不需要再為找員工傷腦筋了，一個難得的地產經紀人才，就站在眼前，遂游說李小琳轉行當地產經紀。

那次臨時工的體驗，李小琳見識到原來地產經紀所賺的佣金遠勝工廠工資，她向丈夫表示要轉行當地產經紀。丈夫開出的條件是：可以轉行，但同時一定要把家顧好，李小琳當然拍胸口保證。

1989 年年初，李小琳正式入行當地產經紀，那年頭，地產經紀還不用考牌。隨著香港地產業蓬勃發展，短短幾個月，李小琳就賺到豐厚的佣金。豈知不到半年，六四事件發生，香港人心惶惶，移民潮令房地產市場陷入冰封狀態，那地產店的老闆娘也慌了起來，此時的李小琳就專攻租務市場，地產店總算平安存活下來。

六四過後，香港人又似乎淡忘了恐懼，地產又漸漸復甦，而且活力比之前更盛。李小琳與香港地產一齊起飛，短短兩年間，自己也開設了地產代理公司，賺到不少錢，更在屯門買了一個單位，和家人一起搬出公屋，一切看來都是如斯美好！

堅強是我的名字

1992 年，對李小琳來說，是與淚水為伴的一年，因為她的丈夫證實患上腦癌。李小琳一邊工作，一邊照料丈夫；由於愛夫情切，她要給丈夫最好的醫療品質，遂安排丈夫入住私家醫院，找最有名的腫瘤科醫生診症。丈夫由發病到離世，只是短短七個月。1992 年尾，丈夫撒手塵寰，留下兩個女兒，分別是 7 歲和 11 歲，李小琳明白自己沒有軟弱的條件，因為治療丈夫的病，前後已花了百萬港元，她必須要努力工作，把女兒撫養成人。

李小琳一直拚命工作，從地產賺來的錢源源不絕，但到了么女 Meko 升讀中一的時候，卻毅然結束地產店，叫停所有工作，為的只是要守護女兒。李小琳跟筆者這樣說：「我們住屯門，地區環境畢竟較複雜，Meko 個性比姐姐反叛，當時她升上中一，我怕她會誤交損友，所以為了把她看緊，我當了三年全職家庭主婦。幸

好，之前地產賺來的錢，足夠讓我停工三年。雖然唸書不多，但我了解么女的個性，我必須陪伴她度過關鍵的青春期。錢，之後再賺就好了。」

從金錢到金錢以外

待 Meko 升上中四，李小琳覺得女兒性情已穩定，是時候重出地產界拼搏了。李小琳轉戰元朗，重開地產店。李小琳説兩個女兒當中，大女兒個性乖巧，讀書用功，能順利唸完大學，至於么女 Meko 則非讀書材料，所以，她鼓勵 Meko 中五畢業後就考地產代理牌，兩母女一起打拼。

兩間地產店紮根元朗，縱然不是集團大公司，但因待客誠懇，獲得到不少元朗街坊的口碑；隨香港地產一同起起落落，李小琳慶幸並未沒於風浪，再想到自己貧苦出身，如今生活算是無憂，她更是覺得感恩。

1 ┊ 2

1 李小琳與么女 Meko 的合照。
2 將香港公司交由女兒打理後，李小琳於台灣樂得清閒，不時就來一趟小旅行。

么女 Meko 中五畢業後，先後順利考獲地產營業員和地產代理牌照，和母親李小琳一同在元朗經營紫晶和金豐兩間地產店，一晃眼，至今已過了 12 年。和女兒一起經營地產店的日子，生活就是忙、忙、忙，錢是賺到，但李小琳開始覺得有點倦了。九歲就要工作賺錢，沒有童年已是既定的事實了，但銀髮歲月的日子，總可隨心安排，讓自己過得快樂逍遙吧？李小琳在將近六十之齡，下了一個重要的決定：她要退休，她要移民台灣，尋找金錢以外的豐盛人生，過真正自己喜歡的生活。2015 年，李小琳以投資移民的身份，正式定居台灣高雄。李小琳說大女兒已經結婚，還有一個三歲的兒子，么女又可獨自營運地產店，她已無所掛慮了，更何況港台兩地交通方便，她隨時都可以回港探望兒孫。

李小琳把地產店都交給么女 Meko，自己退休到台灣，是李小琳金錢以外的追求。

退休人生在台灣

聊到在台灣的退休生活，李小琳說現在會先學好國語，然後，她希望可以到醫院、孤兒院、護老院當義工，用言語安慰心靈不安的人。筆者笑問：「在香港也可以當義工啊！」李小琳這樣回應：「不一樣的。留在香港，我就會放不下地產店，唯有人在台灣，我才可以規劃不一樣的生涯，可以真正悠閒。年輕時看劉松仁主演的《北斗星》，就十分仰慕當社工的人，那時常幻想自己可以當社工，可惜自己讀書不多，知道是做夢而已。我知道台灣很多社會機構都歡迎民眾當義工，我覺得自己的經歷可以鼓勵人心，待我練好國語，我一定去做這樣有意義的工作。」

眼見資深的地產老行尊就坐在面前，臨終結訪問之前，筆者忍不住問李小琳：「你有在台灣置業嗎？有甚麼心得分享？」李小琳立即精神一振，馬上回說：「我看好高雄地產，所以，我買了三個單位。一個實用面積千多呎的單位是自住，連車位，價錢折合港幣才 260 餘萬。物業在亞洲新灣區，距離獅甲捷運站只有一分鐘

步程，大陽台可看見海景和夢時代的摩天輪，除夕坐在陽台欣賞跨年煙花。物業的位置、交通和景觀，是我決定買入的原因。

「此外，我再買了兩個單位來投資，其中一個在高雄美術館區。高雄美術館是豪宅區，整個地區是以供應大單位為主，我發現區內只有一棟大廈有一房一廳的細單位供應，實用面積約 360 呎，樓齡不到六年，大廈更有會所設施，就一直留意機會入市，碰巧有人放售，我用新台幣 460 萬連車位買下。這個美術館區的單位，現在每月租金收入有 17,000 元，回報率接近 4.5 厘，我覺得回報極理想。你知道嗎？豪宅區的細單位最吸引投資者，因為總金額不會太大，物業卻坐落豪宅區段，不愁沒租客，所以，這類物業極之搶手。

「第三間是開放式單位，實用面積約 250 呎，買入價折合港幣約 70 萬元。這個物業位於商業中心區，百貨公司林立，景觀優質，交通方便，距離我家又近，我買來純粹是投資，暫時用來招呼香港親友居住。高雄城市配套十足，有捷運、有輕軌，最重要是，這樣完善規劃的城市，樓價只是台北的四分一，當然可以入市。我在香港、台灣都有租金收入，即使退休，生活也有保障，更何況高雄的消費不高呢！如果香港人打算退休來台灣，只要兩地都有租金收入，生活絕對寫意。」

退休的李小琳，地產人生的記憶畢竟太深了，這是題外話。

筆者祝願李小琳在台灣的退休生活，優哉悠哉，一切愜意。

附錄
台灣護照篇

港人移居台灣，取得中華民國護照後，香港特區護照仍可保留。持有兩本護照，
周遊列國，甚是方便。打算領取中華民國護照的朋友，當然要認識這本護照。

自 2008 年 12 月 29 日起發行之中華民國晶片護照，封面及封底為墨綠色，晶片
植入護照封皮底與內襯裡頁左上角之間，儲存護照資料頁基本資料及臉部影像。
圖案和文字皆用燙金方式製作，封面中央印有中華民國國徽，並有印出中英文的
「中華民國 REPUBLIC OF CHINA」、「TAIWAN」、「護照 PASSPORT」字樣
及晶片圖樣。這本護照，「中華民國 REPUBLIC OF CHINA」和「TAIWAN」同
時印在封面，而民間常用的叫法，就是台灣護照。如果你是移民台灣的香港人，
護照第二頁的出生地，就會標明是「Hong Kong」。

持台灣護照 153 國免簽證

2012 年 10 月 2 日，美國國務卿希拉莉（Hillary Rodham Clinton）在國務院主持
「全球旅行暨觀光會議」（Global Travel and Tourism Conference），會上，美
國國土安全部部長珍妮特（Janet Napolitano）正式宣布台灣為美國「免簽證計劃」
（Visa Waiver Program，簡稱 VWP）參與國。取得美國免證，被認為是馬英九總
統任內其中一項重大的外交功績。

樂戶台灣 移居生活提案

根據台灣外交部資料，截至 2015 年 10 月 7 日止，台灣護照免簽證的國家共153 個，當中以電子簽證或落地簽證國家俱計算在內。全球顧問公司「Henley & Partners」於 2015 年製作全球「強勢護照指數表」，根據護照免簽國家數量為主要指標來進行積分排名，台灣排在第 24 名。

以下資料，來自台灣外交部：

一、持台灣護照可以免簽證方式前往之國家或地區：

（一）亞太地區

國家／地區	可停留天數
庫克群島 Cook Islands	31 天
斐濟 Fiji	120 天
關島 Guam	45/90 天
印尼 Indonesia	30 天
日本 Japan	90 天
吉里巴斯 Republic of Kiribati	30 天
韓國 Republic of Korea	90 天
澳門 Macau	30 天
馬來西亞 Malaysia	30 天
密克羅尼西亞聯邦 Federated States of Micronesia	30 天
諾魯 Nauru	30 天
紐西蘭 New Zealand	90 天
紐埃 Niue	30 天

北馬里安納群島 （塞班、天寧及羅塔等島） Northern Mariana Islands	45 天
新喀里多尼亞 （法國海外特別行政區） Nouvelle Calédonie	90 天（法國海外屬領地停留日數與 歐洲申根區停留日數合併計算）
法屬坡里尼西亞 （包含大溪地） （法國海外行政區） Polynésie française	90 天（法國海外屬領地停留日數與 歐洲申根區停留日數合併計算）
薩摩亞 Samoa	30 天
新加坡 Singapore	30 天
吐瓦魯 Tuvalu	30 天
瓦利斯群島和富圖納群島 （法國海外行政區） Wallis et Futuna	90 天（法國海外屬領地停留日數與 歐洲申根區停留日數合併計算）

（二）亞西地區

國家／地區	可停留天數
以色列 Israel	90 天

（三）美洲地區

國家／地區	可停留天數
安奎拉（英國海外領地）Anguilla	一個月
阿魯巴（荷蘭海外自治領地）Aruba	30 天
貝里斯 Belize	90 天

百慕達（英國海外領地）Bermuda	90 天
波奈（荷蘭海外行政區）Bonaire	90 天（波奈、沙巴、聖佑達修斯為一個共同行政區，停留天數合併計算）
維京群島（英國海外領地） British Virgin Islands	一個月
加拿大 Canada	180 天
開曼群島（英國海外領地） Cayman Islands	30 天
哥倫比亞 Colombia	90 天
古巴 Cuba	30 天（須事先購買觀光卡）
古拉索（荷蘭海外自治領地） Curaçao	30 天
多米尼克 The Commonwealth of Dominica	至多三個月
多明尼加 Dominican Republic	30 天
厄瓜多 Ecuador	90 天
薩爾瓦多 El Salvador	90 天
福克蘭群島（英國海外領地） Falkland Islands	連續 24 個月期間內至多可獲核累計停留 12 個月
格瑞那達 Grenada	90 天
瓜地洛普（法國海外省區） Guadeloupe	90 天（法國海外屬領地停留日數與歐洲申根區停留日數合併計算）
瓜地馬拉 Guatemala	30 至 90 天
圭亞那（法國海外省區） la Guyane	90 天（法國海外屬領地停留日數與歐洲申根區停留日數合併計算）
海地 Haiti	90 天
宏都拉斯 Honduras	90 天

馬丁尼克（法國海外省區） Martinique	90天（法國海外屬領地停留日數與歐洲申根區停留日數合併計算）
蒙哲臘（英國海外領地）Montserrat	六個月
尼加拉瓜 Nicaragua	90天
巴拿馬 Panama	30天
秘魯 Peru	180天
沙巴（荷蘭海外行政區）Saba	90天（波奈、沙巴、聖佑達修斯為一個共同行政區，停留天數合併計算）
聖巴瑟米（法國海外行政區） Saint-Barthélemy	90天（法國海外屬領地停留日數與歐洲申根區停留日數合併計算）
聖佑達修斯（荷蘭海外行政區） St. Eustatius	90天（波奈、沙巴、聖佑達修斯為一個共同行政區，停留天數合併計算）
聖克里斯多福及尼維斯 St. kitts and Nevis	最長期限90天
聖露西亞 St. Lucia	42天
聖馬丁（荷蘭海外自治領地） St. Maarten	90天
聖馬丁（法國海外行政區） Saint-Martin	90天（法國海外屬領地停留日數與歐洲申根區停留日數合併計算）
聖皮埃與密克隆群島（法國海外行政區）Saint-Pierre et Miquelon	
聖文森 St. Vincent and the Grenadines	30天
土克凱可群島（英國海外領地） Turks & Caicos	30天
美國 United States of America	90天（停留天數自入境當天起算）

(四) 歐洲地區

國家／地區	可停留天數
申根區	
安道爾 Andorra	
奧地利 Austria	
比利時 Belgium	
捷克 Czech Republic	
丹麥 Denmark	
愛沙尼亞 Estonia	
丹麥法羅群島 Faroe Islands	
芬蘭 Finland	
法國 France	
德國 Germany	
希臘 Greece	
丹麥格陵蘭島 Greenland	左列國家／地區之停留日數合併計算，每六個月期間內總計可停留至多 90 天
教廷 The Holy See	
匈牙利 Hungary	
冰島 Iceland	
義大利 Italy	
拉脫維亞 Latvia	
列支敦斯登 Liechtenstein	
立陶宛 Lithuania	
盧森堡 Luxembourg	
馬爾他 Malta	
摩納哥 Monaco	
荷蘭 The Netherlands	
挪威 Norway	

波蘭 Poland	
葡萄牙 Portugal	
聖馬利諾 San Marino	
斯洛伐克 Slovakia	左列國家／地區之停留日數合併計算，每六個月期間內總計可停留至多 90 天
斯洛維尼亞 Slovenia	
西班牙 Spain	
瑞典 Sweden	
瑞士 Switzerland	
以下國家／地區之停留日數獨立計算	
阿爾巴尼亞 Albania	每六個月期間內可停留至多 90 天
波士尼亞與赫塞哥維納 Bosnia and Herzegovina	每六個月期間內可停留至多 90 天
保加利亞 Bulgaria	每六個月期間內可停留至多 90 天
克羅埃西亞 Croatia	每六個月期間內可停留至多 90 天
賽浦勒斯 Cyprus	每六個月期間內可停留至多 90 天
直布羅陀（英國海外領地） Gibraltar	90 天
愛爾蘭 Ireland	90 天
科索沃 Kosovo	90 天（須事先向其駐外使領館通報）
馬其頓 Macedonia	每六個月期間內可停留至多 90 天（自 2012 年 4 月 1 日至 2018 年 3 月 31 日止）
蒙特內哥羅 Montenegro	每六個月期間內可停留至多 90 天
羅馬尼亞 Romania	在六個月期限內停留至多 90 天
英國 U.K.	180 天

（五）非洲地區

國家／地區	可停留天數
甘比亞 Gambia	90 天
馬約特島（法國海外省區）Mayotte	90 天（法國海外屬領地停留日數與
留尼旺島（法國海外省區）La Réunion	歐洲申根區停留日數合併計算）
索馬利蘭 Somaliland	90 天
史瓦濟蘭 Swaziland	90 天

二、持台灣護照可以落地簽證方式前往之國家或地區：

（一）亞太地區

國家	可停留天數
孟加拉 Bangladesh	30 天
汶萊 Brunei	14 天
柬埔寨 Cambodia	30 天
寮國 Laos	14 至 30 天
馬爾代夫 Maldives	30 天
馬紹爾群島 Marshall Islands	30 天
尼泊爾 Nepal	30 天
帛琉 Palau	30 天
巴布亞紐幾內亞 Papua New Guinea	60 天
索羅門群島 Solomon Islands	90 天
泰國 Thailand	15 天
東帝汶 Timor Leste	30 天
萬那杜 Vanuatu	30 天

（二）亞西地區

國家	可停留天數
亞美尼亞 Armenia	最多 120 天
伊朗 Iran	商務目的最多可單次停留 14 日、觀光目的最多則可單次停留 15 日
約旦 Jordan	30 天
哈薩克 Kazakhstan	最多 30 天
阿曼 Oman	30 天
塔吉克 Tajikistan	最多 45 天

（三）非洲地區

國家／地區	可停留天數
布吉納法索 Burkina Faso	7 至 30 天
維德角 Cape Verde	30 天
葛摩聯盟 Union of the Comoros	截至 2015 年 10 月，葛摩聯盟仍未定停留天數
吉布地 Djibouti	一個月以上
埃及 Egypt	30 天
賴比瑞亞 Liberia	7 至 30 天
馬達加斯加 Madagascar	30 天
莫三比克 Mozambique	30 天
聖多美普林西比 Sao Tome and Principe	30 天
塞席爾 Seychelles	30 天
聖海蓮娜（英國海外領地）St. Helena	90 天

國家	可停留天數
坦尚尼亞 Tanzania	90 天
多哥 Togo	7 天
烏干達 Uganda	90 天

（四）美洲地區

國家	可停留天數
巴拉圭 Paraguay	90 天

三、持台灣護照可以電子簽證方式前往之國家：

國家	可停留天數
澳洲 Australia	中華民國護照（載有國民身份證統一編號）持有人，可透過指定旅行社代為申辦並當場取得一年多次電子簽證，每次可停留三個月。
巴林 Bahrain	凡中華民國護照持有人因觀光或商務目的欲前往巴林，得持憑六個月以上效期之護照先行上網申辦，最多可停留14天、單次入境、費用巴幣29迪納之電子簽證。
加彭 Gabon	持憑六個月以上效期之中華民國護照，需檢附事先於該國移民署（DGDI）電子系統取得之入境許可、來回或前往第三國機票、旅館訂房紀錄（或邀請函），可於抵達加彭國境時申辦效期三個月之落地簽證，規費70歐元。

科特迪瓦 The Republic of Cote d'Ivoire	中華民國護照持有人申請象國電子簽證，需於行前上網登記、上傳基本資料及繳費（效期90天之停留簽證規費73歐元），收到象國國土管制局以電子郵件寄發之入境核可條碼後，持用該條碼及相關證明文件於象國阿必尚國際機場申辦電子簽證。
印度 India	自2015年8月15日起，國人持效期至少六個月以上之中華民國護照前往印度觀光、洽商等，均可於預定啟程前至少四天上網申請電子簽證，費用為每人60美元，單次入境，效期自抵達印度當日起30天內有效，每年最多僅得使用電子簽證入境印度兩次。
肯亞 Kenya	肯亞自2015年9月1日起全面實施電子簽證，不再受理落地簽證。持中華民國普通護照人士，請上肯亞 ecitizen 網站註冊個人帳號，並依所示填載資料及繳費。
緬甸 Myanmar	中華民國護照持有人因觀光或商務前往緬甸，得憑效期六個月以上之普通護照上網付費申辦電子簽證，停留28天。
菲律賓 Philippines	菲國對中華民國國民實施「電子旅遊憑證」(Electronic Travel Authorization，ETA)，國人可於網上申獲該憑證並列印後持憑入境菲國，停留期限30天。

卡達 Qatar	凡持有卡達航空有效往返卡達機票，透過該公司旅遊部門 Discover Qatar 預訂旅館之我國籍旅客，可由該公司網站線上申請並獲發單次、不得延期、效期 60 天，停留期限 30 天之入境觀光簽證。上述簽證申請時間及費用為急件七個工作天，簽證費 120 美元；普通件十個工作天，簽證費 55 美元。
斯里蘭卡 Sri Lanka	中華民國護照持有人前往斯里蘭卡短期旅遊、觀光、探親／訪友或過境可申請電子簽證，惟電子簽證不適用於商務旅行目的。
土耳其 Turkey	凡中華民國護照持有人因觀光或商務目的欲前往土耳其，得持憑六個月以上效期之中華民國普通護照先行上網申辦停留 30 天、單次入境、費用 24 美元的電子簽證。

Life 13

樂戶台灣
移居生活提案

作者	黃璟瑜
出版經理	梁以祈
責任編輯	何欣容
封面設計	Kenneth Wong
書籍設計	Kenneth Wong
相片提供	黃璟瑜、Christy Leung、Jessica Lee、Thinkstock

出版	天窗出版社有限公司 Enrich Publishing Ltd.
發行	天窗出版社有限公司 Enrich Publishing Ltd. 九龍觀塘鴻圖道74號明順大廈11樓
電話	(852) 2793 5678
傳真	(852) 2793 5030
網址	www.enrichculture.com
電郵	info@enrichculture.com
出版日期	2016年1月初版 2016年5月第二版
承印	中編印務有限公司 香港黃竹坑道24號信誠工業大廈7樓
紙品供應	興泰行洋紙有限公司
定價	港幣$128 新台幣$550
國際書號	978-988-8292-99-8
圖書分類	(1)社會文化 (2) 投資移民

支持環保 此書紙張經無氯漂白及以北歐再生林木纖維製造，並採用環保油墨。